U0122520

心一堂術數古籍珍本叢刊

書名：地理元合會通二種（上）

系列：心一堂術數古籍珍本叢刊　堪輿類　第三輯　223

作者：【清】姚炳奎

主編、責任編輯：陳劍聰

心一堂術數古籍珍本叢刊編校小組：陳劍聰　素聞　鄒偉才　虛白盧主

出版：心一堂有限公司

通訊地址：香港九龍旺角彌敦道六一〇號荷李活商業中心十八樓〇五─〇六室

深港讀者服務中心‧中國深圳市羅湖區立新路六號羅湖商業大廈負一層〇〇八室

電話號碼：(852)67150840

網址：publish.sunyata.cc

電郵：sunyatabook@gmail.com

網店：http://book.sunyata.cc

淘寶店地址：https://shop210782774.taobao.com

微店地址：https://weidian.com/s/1212826297

臉書：https://www.facebook.com/sunyatabook

讀者論壇：http://bbs.sunyata.cc/

版次：二零一八年十一月初版

平裝：兩冊不分售

定價：港幣　　　六百八十元正
　　　新台幣　兩千六百八十元正

國際書號：ISBN 978-988-8582-08-2

版權所有　翻印必究

香港發行：香港聯合書刊物流有限公司

地址：香港新界大埔汀麗路36號中華商務印刷大廈3樓

電話號碼：(852)2150-2100

傳真號碼：(852)2407-3062

電郵：info@suplogistics.com.hk

台灣發行：秀威資訊科技股份有限公司

地址：台灣台北市內湖區瑞光路七十六巷六十五號一樓

電話號碼：+886-2-2796-3638

傳真號碼：+886-2-2796-1377

網絡書店：www.bodbooks.com.tw

台灣國家書店讀者服務中心：

地址：台灣台北市中山區松江路二〇九號一樓

電話號碼：+886-2-2518-0207

傳真號碼：+886-2-2518-0778

網絡書店：http://www.govbooks.com.tw

中國大陸發行　零售：深圳心一堂文化傳播有限公司

深圳地址：深圳市羅湖區立新路六號羅湖商業大廈負一層〇〇八室

電話號碼：(86)0755-82224934

心一堂微店二維碼

心一堂淘寶店二維碼

心一堂術數古籍 珍本 整理 叢刊 總序

術數定義

術數，大概可謂以「推算（推演）、預測人（個人、群體、國家等）、事、物、自然現象、時間、空間方位等規律及氣數，並或通過種種『方術』，從而達致趨吉避凶或某種特定目的」之知識體系和方法。

術數類別

我國術數的內容類別，歷代不盡相同，例如《漢書‧藝文志》中載，漢代術數有六類：天文、曆譜、五行、蓍龜、雜占、形法。至清代《四庫全書》，術數類則有：數學、占候、相宅相墓、占卜、命書、相書、陰陽五行、雜技術等，其他如《後漢書‧方術部》、《藝文類聚‧方術部》、《太平御覽‧方術部》等，對於術數的分類，皆有差異。古代多把天文、曆譜、及部分數學均歸入術數類，而民間流行亦視傳統醫學作為術數的一環；此外，有些術數與宗教中的方術亦往往難以分開。現代民間則常將各種術數歸納為五大類別：命、卜、相、醫、山，通稱「五術」。

本叢刊在《四庫全書》的分類基礎上，將術數分為九大類別：占筮、星命、相術、堪輿、選擇、三式、讖諱、理數（陰陽五行）、雜術（其他）。而未收天文、曆譜、算術、宗教方術、醫學。

術數思想與發展——從術到學，乃至合道

我國術數是由上古的占星、卜筮、形法等術發展下來的。其中卜筮之術，是歷經夏商周三代而通過「龜卜、蓍筮」得出卜（筮）辭的一種預測（吉凶成敗）術，之後歸納並結集成書，此即現傳之《易

經》。經過春秋戰國至秦漢之際，受到當時諸子百家的影響、儒家的推崇，遂有《易傳》等的出現，原本是卜筮術書的《易經》，被提升及解讀成有包涵「天地之道（理）」之學。因此，《易・繫辭傳》曰：「易與天地準，故能彌綸天地之道。」

漢代以後，易學中的陰陽學說，與五行、九宮、干支、氣運、災變、律曆、卦氣、讖緯、天人感應說等相結合，形成易學中象數系統。而其他原與《易經》本來沒有關係的術數，如占星、形法、選擇，亦漸漸以易理（象數學說）為依歸。《四庫全書・易類小序》云：「術數之興，多在秦漢以後。要其旨，不出乎陰陽五行，生尅制化。實皆《易》之支派，傅以雜說耳。」至此，術數可謂已由「術」發展成「學」。

及至宋代，術數理論與理學中的河圖洛書、太極圖、邵雍先天之學及皇極經世等學說給合，通過術數以演繹理學中「天地中有一太極，萬物中各有一太極」（《朱子語類》）的思想。術數理論不單已發展至十分成熟，而且也從其學理中衍生一些新的方法或理論，如《梅花易數》、《河洛理數》等。

在傳統上，術數功能往往不止於僅僅作為趨吉避凶的方術，及「能彌綸天地之道」的學問，亦有其「修心養性」的功能，「與道合一」（修道）的內涵。《素問・上古天真論》：「上古之人，其知道者，法於陰陽，和於術數。」數之意義，不單是外在的算數、歷數、氣數，而是與理學中同等的「道」、「理」—心性的功能，北宋理氣家邵雍對此多有發揮：「聖人之心，是亦數也」、「萬化萬事生乎心」、「心為太極」。《觀物外篇》：「先天之學，心法也。……蓋天地萬物之理，盡在其中矣、「心一而不分，則能應萬物。」反過來說，宋代的術數理論，受到當時理學、佛道及宋易影響，認為心性本質上是等同天地之太極。天地萬物氣數規律，能通過內觀自心而有所感知，即是內心也已具備有術數的推演及預測、感知能力；相傳是邵雍所創之《梅花易數》，便是在這樣的背景下誕生。

《易・文言傳》已有「積善之家，必有餘慶；積不善之家，必有餘殃」之說，至漢代流行的災變說及讖緯說，我國數千年來都認為天災，異常天象（自然現象），皆與一國或一地的施政者失德有關；下

至家族、個人之盛衰，也都與一族一人之德行修養有關。因此，我國術數中除了吉凶盛衰理數之外，人心的德行修養，也是趨吉避凶的一個關鍵因素。

術數與宗教、修道

在這種思想之下，我國術數不單只是附屬於巫術或宗教行為的方術，又往往是一種宗教的修煉手段。通過術數，以知陰陽，乃至合陰陽（道）。「其知道者，法於陰陽，和於術數。」例如，「奇門遁甲」術中，即分為「術奇門」與「法奇門」兩大類。「法奇門」中有大量道教中符籙、手印、存想、內煉的內容，是道教內丹外法的一種重要外法修煉體系。甚至在雷法一系的修煉上，亦大量應用了術數內容。此外，相術、堪輿術中也有修煉望氣（氣的形狀、顏色）的方法；堪輿家除了選擇陰陽宅之吉凶外，也有道教中選擇適合修道環境（法、財、侶、地中的地）的方法，以至通過堪輿術觀察天地山川陰陽之氣，亦成為領悟陰陽金丹大道的一途。

易學體系以外的術數與的少數民族的術數

我國術數中，也有不用或不全用易理作為其理論依據的，如揚雄的《太玄》、司馬光的《潛虛》。也有一些占卜法、雜術不屬於《易經》系統，不過對後世影響較少而已。

外來宗教及少數民族中也有不少雖受漢文化影響（如陰陽、五行、二十八宿等學說。）但仍自成系統的術數，如古代的西夏、突厥、吐魯番等占卜及星占術，藏族中有多種藏傳佛教占卜術、苯教占卜術、擇吉術、推命術、相術等；北方少數民族有薩滿教占卜術；不少少數民族如水族、白族、布朗族、佤族、彝族、苗族等，皆有占雞（卦）草卜、雞蛋卜等術，納西族的占星術、占卜術，彝族畢摩的推命術、占卜術……等等，都是屬於《易經》體系以外的術數。相對上，外國傳入的術數以及其理論，對我國術數影響更大。

曆法、推步術數與外來術數的影響

我國的術數與曆法的關係非常緊密。早期的術數中，很多是利用星宿或星宿組合的位置（如某星在某州或某宮某度）付予某種吉凶意義，并據之以推演，例如歲星（木星）、月將（某月太陽所躔之宮次）等。不過，由於不同的古代曆法推步的誤差及歲差的問題，若干年後，其術數所用之星辰的位置，已與真實星辰的位置不一樣了；此如歲星（木星），早期的曆法及術數以十二年為一周期（以應地支），與木星真實周期十一點八六年，每幾十年便錯一宮。後來術家又設一「太歲」的假想星體來解決，是歲星運行的相反，週期亦剛好是十二年。而術數中的神煞，很多即是根據太歲的位置而定。又如六壬術中的「月將」，原是立春節氣後太陽躔娵訾之次而稱作「登明亥將」，至宋代，因歲差的關係，要到雨水節氣後太陽才躔娵訾之次，當時沈括提出了修正，但明清時六壬術中「月將」仍然沿用宋代的起法沒有再修正。

由於以真實星象周期的推步術是非常繁複，而且古代星象推步術本身亦有不少誤差，大多數術數除依曆書保留了太陽（節氣）、太陰（月相）的簡單宮次計算外，漸漸形成根據干支、日月等的各自起例，以起出其他具有不同含義的眾多假想星象及神煞系統。唐宋以後，我國絕大部分術數都主要沿用這一系統，也出現了不少完全脫離真實星象的術數，如《子平術》、《紫微斗數》、《鐵版神數》等。後來就連一些利用真實星辰位置的術數，如《七政四餘術》及選擇法中的《天星選擇》，也已與假想星象及神煞混合而使用了。

隨着古代外國曆（推步）、術數的傳入，如唐代傳入的印度曆法及術數，元代傳入的回回曆等，其中我國占星術便吸收了印度占星術中羅睺星、計都星等而形成四餘星，又通過阿拉伯占星術而吸收了其中來自希臘、巴比倫占星術的黃道十二宮、四大（四元素）學說（地、水、火、風），並與我國傳統的二十八宿、五行說、神煞系統並存而形成《七政四餘術》。此外，一些術數中的北斗星名，不用我國傳統的星名：天樞、天璇、天璣、天權、玉衡、開陽、搖光，而是使用來自印度梵文所譯的：貪狼、巨

門、祿存、文曲、廉貞、武曲、破軍等，此明顯是受到唐代從印度傳入的曆法及占星術所影響。如星命術中的《紫微斗數》及堪輿術中的《撼龍經》等文獻中，其星皆用印度譯名。及至清初《時憲曆》，置閏之法則改用西法「定氣」。清代以後的術數，又作過不少的調整。

此外，我國相術中的面相術、手相術，唐宋之際受印度相術影響頗大，至民國初年，又通過翻譯歐西、日本的相術書籍而大量吸收歐西相術的內容，形成了現代我國坊間流行的新式相術。

陰陽學——術數在古代、官方管理及外國的影響

術數在古代社會中一直扮演着一個非常重要的角色，影響層面不單只是某一階層、某一職業、某一年齡的人，而是上自帝王，下至普通百姓，從出生到死亡，不論是生活上的小事如洗髮、出行等，大事如建房、入伙、出兵等，從個人、家族以至國家，從天文、氣象、地理到人事、軍事，從民俗、學術到宗教，都離不開術數的應用。我國最晚在唐代開始，已把以上術數之學，稱作陰陽（學），行術數者稱陰陽人。（敦煌文書、斯四三二七唐《師師漫語話》：「以下說陰陽人謾語話」，此說法後來傳入日本，今日本人稱行術數者為「陰陽師」）。一直到了清末，欽天監中負責陰陽術數的官員中，以及民間術數之士，仍名陰陽生。

古代政府的中欽天監（司天監），除了負責天文、曆法、輿地之外，亦精通其他如星占、選擇、堪輿等術數，除在皇室人員及朝庭中應用外，也定期頒行日書、修定術數，使民間對於天文、日曆用事吉凶及使用其他術數時，有所依從。

我國古代政府對官方及民間陰陽學及陰陽官員，從其內容、人員的選拔、培訓、認證、考核、律法監管等，都有制度。至明清兩代，其制度更為完善、嚴格。

宋代官學之中，課程中已有陰陽學及其考試的內容。（宋徽宗崇寧三年〔一一零四年〕崇寧算學令：「諸學生習……並曆算、三式、天文書。」「諸試……三式即射覆及預占三日陰陽風雨。天文即預

定一月或一季分野災祥，並以依經備草合問為通。」

金代司天臺，從民間「草澤人」（即民間習術數人士）考試選拔：「其試之制，以《宣明曆》試推步，及《婚書》、《地理新書》試合婚、安葬，並《易》筮法，六壬課、三命、五星之術。」（《金史》卷五十一・志第三十二・選舉一）

元代為進一步加強官方陰陽學對民間的影響、管理、控制及培育，除沿襲宋代、金代在司天監掌管陰陽學及中央的官學陰陽學課程之外，更在地方上增設陰陽學教授員，於路、府、州設教授員，凡陰陽人皆管轄之，而上屬於太史焉。」）自此，民間的陰陽術士（陰陽人），被納入官方的管轄之下。

至明清兩代，陰陽學制度更為完善。中央欽天監掌管陰陽學，明代地方縣設陰陽學正術，各州設陰陽學典術，各縣設陰陽學訓術。陰陽人從地方陰陽學肄業或被選拔出來後，再送到欽天監考試。（《大明會典》卷二二三：「凡天下府州縣舉到陰陽人堪任正術等官者，俱從吏部送（欽天監），考中，送回選用；不中者發回原籍為民，原保官吏治罪。」）清代大致沿用明制，凡陰陽術數之流，悉歸中央欽天監及地方陰陽官員管理、培訓、認證。至今尚有「紹興府陰陽印」、「東光縣陰陽學記」等明代銅印，及某某縣某某之清代陰陽執照等傳世。

清代欽天監漏刻科對官員要求甚為嚴格。《大清會典》「國子監」規定：「凡算學之教，設肄業生。滿洲十有二人，蒙古、漢軍各六人，於各旗官學內考取。漢十有二人，於舉人、貢監生童內考取。」學生在官學肄業、貢監生肄業或考得舉人引見以欽天監博士用，貢監生以天文生補用。」學生在官學肄業、貢監生肄業或考得舉人後，經過了五年對天文、算法、陰陽學的學習，其中精通陰陽術數者，會送往漏刻科。而在欽天監供職的官員，《大清會典則例》「欽天監」規定：「本監官生三年考核一次，術業精通者，保題升用。不及者，停其升轉，再加學習。如能黽

（《元仁宗）延祐初，令陰陽人依儒醫例，於路、府、州設教授員，培育及管轄地方陰陽人。（《元史・選舉志一》：「世祖至元二十八年夏六月始置諸路陰陽學。」）地方上也設陰陽學教授員，培育及管轄地方陰陽人。（

《元史・選舉志一》：「（元仁宗）延祐初，令陰陽人依儒醫例，於路、府、州設教授員，凡陰陽人皆管轄之，

元代為進一步加強官方陰陽學對民間的影響、管理、控制及培育

難之事。」（民國徐樂吾《子平真詮評註》，方重審序）

道，始終不肯公開研究，成立一有系統說明之書籍，貽之後世。故居今日而欲研究此種學術，實一極困

恍迷離之辭，以待後人探索；間有一二賢者有所發明，亦秘莫如深，既恐洩天地之秘，復恐譏為旁門左

一種地位者，實有數因。蓋古代士大夫階級目醫卜星相為九流之學，多恥道之；而發明諸大師又故為惝

以不絕，其中確有學術上研究之價值，非徒癡人說夢，荒誕不經之謂也。其所以至今不能在科學中成立

吾國科學與哲學融貫而成一種學說，數千年來傳衍嬗變，或隱或現，全賴一二有心人為之繼續維繫，賴

可是術數至今一直不受正統學界所重視，加上術家藏秘自珍，又揚言天機不可洩漏，「（術數）乃

（何丙郁《術數、天文與醫學中國科技史的新視野》，香港城市大學中國文化中心。）

社會史，甚至軍事史都有一定的影響。……更進一步了解術數，我們將更能了解中國歷史的全貌。」

中葉始受世界學者肯定。可是，術數還未受到應得的注意。術數在傳統中國科技史、思想史，文化史、

宮、八卦、河圖、洛書等觀念作大自然的研究。……傳統中國的天文學、數學、煉丹術等，要到上世紀

術數在我國古代社會雖然影響深遠，「是傳統中國理念中的一門科學，從傳統的陰陽、五行、九

術數研究

多種術數。而我國的漢族術數，在古代甚至影響遍及西夏、突厥、吐蕃、阿拉伯、印度、東南亞諸國。

官方陰陽學制度也影響鄰國如朝鮮、日本、越南等地，一直到了民國時期，鄰國仍然沿用着我國的

或地方陰陽官員為主。

一百。其依經推算星命卜課，不在禁限。」大小文武官員延請的陰陽術士，自然是以欽天監漏刻科官員

《大清律例·一七八·術七·妄言禍福》：「凡陰陽術士，不許於大小文武官員之家妄言禍福，違者杖

除定期考核以定其升用降職外，《大清律例》中對陰陽術士不準確的推斷（妄言禍福）是要治罪的。

勉供職，即予開復。仍不及者，降職一等，再令學習三年，能習熟者，准予開復，仍不能者，黜退。」

現存的術數古籍，除極少數是唐、宋、元的版本外，絕大多數是明、清兩代的版本。其內容也主要是明、清兩代流行的術數，唐宋或以前的術數及其書籍，大部分均已失傳，只能從史料記載、出土文獻、敦煌遺書中稍窺一鱗半爪。

術數版本

坊間術數古籍版本，大多是晚清書坊之翻刻本及民國書賈之重排本，其中豕亥魚魯，或任意增刪，往往文意全非，以至不能卒讀。現今不論是術數愛好者，還是民俗、史學、社會、文化、版本等學術研究者，要想得一常見術數書籍的善本、原版，已經非常困難，更違論如稿本、鈔本、孤本等珍稀版本。

在文獻不足及缺乏善本的情況下，要想對術數的源流、理法、及其影響，作全面深入的研究，幾不可能。

有見及此，本叢刊編校小組經多年努力及多方協助，在海內外搜羅了二十世紀六十年代以前漢文為主的術數類善本、珍本、鈔本、孤本、稿本、批校本等數百種，精選出其中最佳版本，分別輯入兩個系列：

一、心一堂術數古籍珍本叢刊
二、心一堂術數古籍整理叢刊

前者以最新數碼（數位）技術清理、修復珍本原本的版面，更正明顯的錯訛，部分善本更以原色彩色精印，務求更勝原本。并以每百多種珍本、一百二十冊為一輯，分輯出版，以饗讀者。

後者延請、稿約有關專家、學者，以善本、珍本等作底本，參以其他版本，古籍進行審定、校勘、注釋，務求打造一最善版本，方便現代人閱讀、理解、研究等之用。

限於編校小組的水平，版本選擇及考證、文字修正、提要內容等方面，恐有疏漏及舛誤之處，懇請方家不吝指正。

心一堂術數古籍 珍本 叢刊編校小組
二零零九年七月序
二零一四年九月第三次修訂

錄八卷

地理元合會通

郭崑燾署首　同治辛未秋日

敍

郭宏農謂葬者乘生氣也然地無氣以天之氣爲氣而理
郎傳于其中天下止一理卽止一氣人得而稟之而集之
而養之遂爲聖賢爲忠義而地之凝聚此氣者於以毓秀
而鍾靈天地人本自相通者也古之習聖學者無不洞其
闔奧自秦漢以後始流爲陰陽一家言儒者或鄙而不屑
然而推究其原卽上律天時下襲水土之所見端也第爲
下士所託紛紛橫議乃成俗術耳予自幼嗜山水若有夙
契于其間童而習之迄今皓首頗得一斑因見坊間所市

有所謂三合三元者人主出奴莫衷厥是乃不揣固陋發

其蒙破其守逐一分注名曰會通錄俾學者一見了然得

知三才一理於格致誠正之功未必無小補昔人云即花

葉以求春春不可見舍花葉以求春更杳然是錄也談

理氣者之所會歸也謂地道即在是邪而亦何嘗不在是

三十六宮都是春可于此中求之

同治十年辛未清明日

益陽姚諄敎炳奎識

褚先生補史記言占家有五行堪輿叢辰建除天文太一

各据所學爲吉凶而漢書藝文志堪輿金匱入之五行宮

宅地形入之形法實爲後世言理氣形勝之祖班氏之言

曰形與氣相首尾亦有有其氣而無其形有其形而無其

氣此精微之獨異也晉以後葬書無以逾此然陰陽五行

之書類次數十家而後無傳者豈其學不逮楊曾之流耶

其時人事勝而假吉凶爲小數世猶不甚貴之自青囊郭

天玉尺之書出術家衍而傳之其辭迷離惝怳伏而不宣

而其術或小驗於是倚託附會爭鳴於時壞大以爲小術

遠以爲近而堪輿之書持一說以求勝至繁而不可紀惟

論天地之氣融而爲山川結而爲土石迨其形既成而氣

之鼓盪其中者相依而不能舍如帷燈然東西南北見之

者知其燈也而在東者曰是不宜西在西者曰是不宜東

所言皆有見也而紛紜之說以生各守其師說据以爲見

則術益析而言益歧吾友姚舸丞習於其術乃益取諸家

之言所以損益異同指陳其事例而推竟其源流命曰元

合會通元者縱合者橫其說各有所勝扞格不相入而要

之歸本五行故曰五行爲主人取諸五行者也舸丞會而

通之遍其所以為異同者則其相敵也而皆可收之以為
輔而諸家之言迷離怡悅相與守之為要祕堪丞二一為
之發其覆而抉其藩堪丞得是書行之不言堪輿可也讀
堪丞是書又更以其堪天而輿地者會通是書之中其庶
幾有所得矣乎時同治九年歲次庚午長至日

賜進士出身

誥授榮祿大夫　賞戴花翎二品頂戴前任江蘇蘇松常

鎮太糧儲道署廣東巡撫部院　國史館總纂　上書房

行走翰林院編修掌教城南書院愚弟郭嵩燾撰

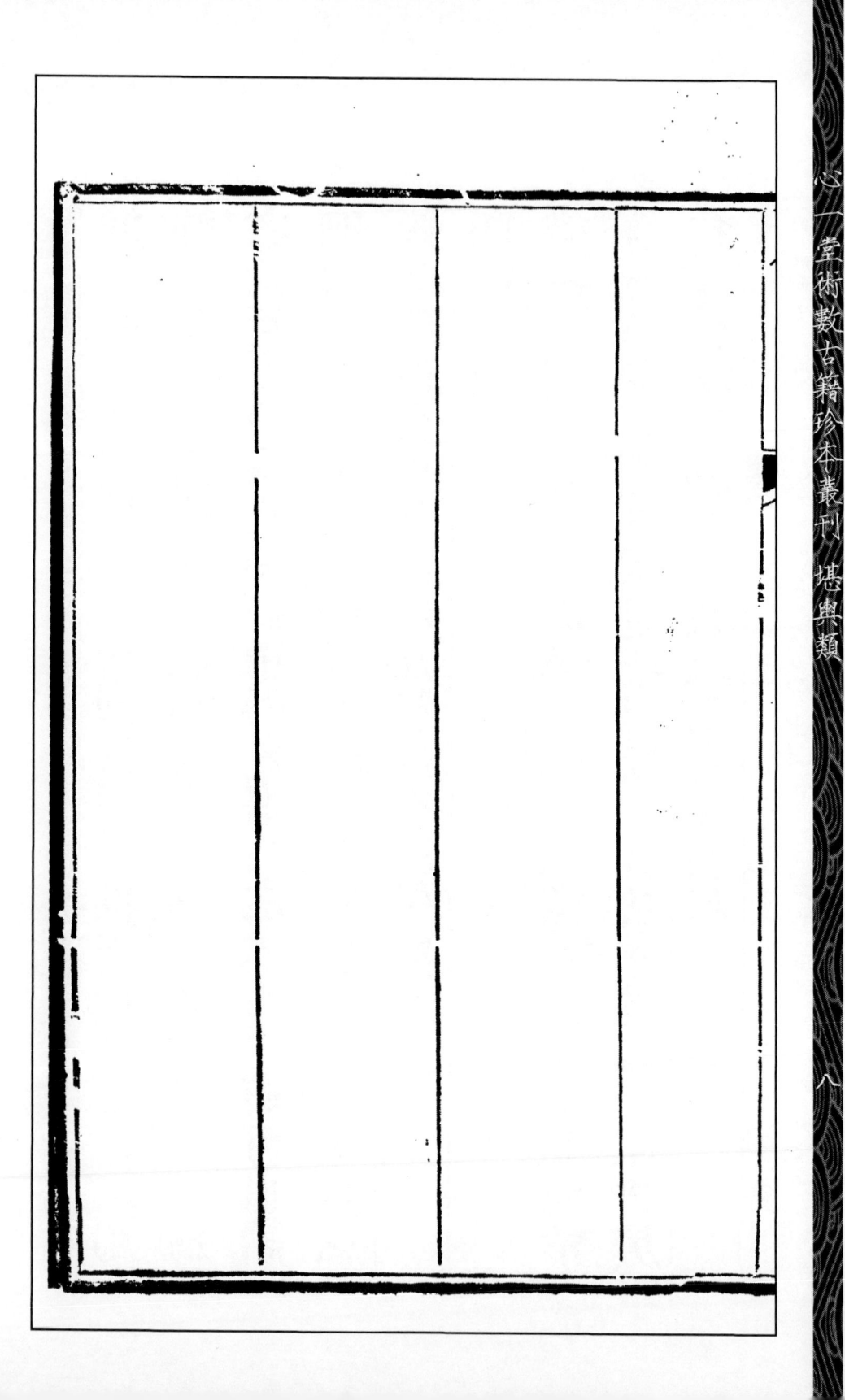

浮崎之樂智仁其丞吾嘗歷閩粵跨秦隴試瀨灑淘淘之

雄蹋崒崋欸嵜之嶮衣振級螺纓濯整蛟玉折不際碧環

無既則欲探天根抉地肺破亭毒竇窔之崎洩山根鬱律

之趣御風行遠禳被何從乃歎蒼鬱之靈難盡胎息之奧

終秘固智膠而理軏矣姚君明經牁丞幼共經史獵闢經

緯之竅長闆山川遂麗參商之星鴻膜十秋雅負同志燕

譚一夕復客三山悗招書之不功企考槃之獨晤蓋怡遲

盧之白雲盍感甲帳之春樹已夫泉養源而智瑩桑樂閒

而心遠肺肝鑴其枕胙心胸羅以星宿蒹葭秋水淪伊人

之性風雨西山恬彼美之夢萬物觀靜宗子胞宏掌指坤

與息通乾運一事之恥不知眾理之收以約名山簧述馨

桂四流爾室絃歌芳蘭久沁是以泉清在山玉輝韞璞思

雲抽清身月證皓曤空露夕帀野霞朝忘瑤琴之言樂澈

瓊簡之理潑風生習習人上羲皇日馭遲遲世無漢魏此

樂弗告悅性永年姚君殆庶幾也庚午冬郵寄元合會運

一書丐予弁語牧堂形勢成綺散自餘霞考亭風水泰雲

出而徧雨三才旣貫曲藝亦名百川注而海宗一斑蔚而

虎露姚君豈斤斤持螯也哉惟是蘘放佛髻士著仙掌大

雅誚多遠行文愧若其貴紙洛陽律東　都十禩之賦覺迷

中土作南指萬里之車環函可證鐘撞　則鳴予何知焉他

日長揰田歸舊締雲山之伴開身竛倚　清姑山水之樂鹿

夢不迷鴻飛同遠予之願也姚君亦有　意平軍行空億驛

遞恩促因錯落幷數言大清同治十年　歲次辛未莫春月

備道護理福建巡撫部院兼署布政使　司布政使

欽差大臣統帶甘肅南路各軍翼長前　任福建延建邵兵

上巳後一日

誥授榮祿大夫　　賞戴花翎二品頂戴　研愚弟周開錫撰

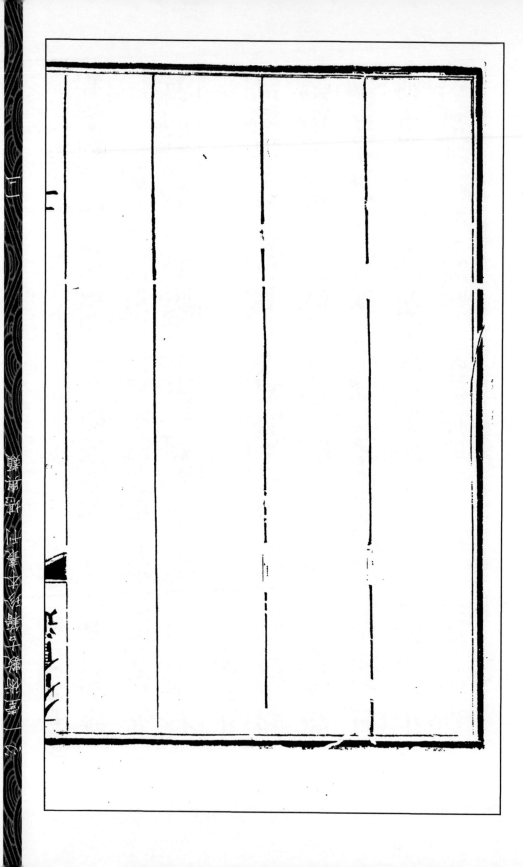

例言

一地學首重巒頭形勢不確三合三元俱無益也第巒頭
難在點穴張伯雲謂十年知尋龍二十年始識點穴洵
知言也予自幼喜讀形勢書及壯猶憒然于穴之所在
乃舉先輩理氣諸書晝夜尋繹始有所晤蓋格龍乘氣
納水消砂皆點穴之妙用要在學者于巒頭上領取其
微意耳拘理氣以求巒頭不可強巒頭以合理氣尤不
可洞悉其微自然相通而相證也

一理氣一門紛紛其說不止三合三元兩者而已但近日

所用有賴盤蔣盤二種分門別戶賴盤不第三合而以

三合盤目之蔣盤不第三元而以三元盤目之泛言理

氣學者無所取證不易分明況理氣出賴盤蔣盤外者

即不足用予故將兩盤逐層分注而曲申其義言簡而

該一見能解但予只著明正理不效術家之輒斥各家

之非以伸己之是學者取各書互觀之可也

一三元之說本于洛書古來言氣數者皆主之如孟子五

百年必有王者興而所以五百之故則即三元之義也

蓋氣數出于洛書大小運大運分三元每甲子行一宮

每宮主六十年故六九五百四十年而天運一大轉小
運亦分三元每元一甲子每二甲行一宮每宮主二十
年故二九一百八十年而天運一小轉昔人所謂陽九
百六之戹是也前漢劉歆曰八卦九章相爲表裏張衡
曰聖人重之以卜筮雜之以九宮皆言三元之義邵子
元會運世之學亦本此而推廣之耳迨元季無著大士
著紫白賦明幕講禪師傳王鏡正經由是三元之學盛
行于時蔣公踵而行之于平洋陽宅爲尤宜故所著歸
厚錄葉氏亦收入地理大成內有以也

一三合之說始于漢淮南子云木生于亥壯于卯死于未

三辰皆木也火生于寅壯于午死于戌三辰皆火也土

生于午壯于戌死于寅三辰皆土也金生于巳壯于酉

死于丑三辰皆金也水生于申壯于子死于辰三辰皆

水也故五勝生一壯五終九五九四十五故神壯十五

日而一徙以三應五故八徙而歲終今其書固在也不

始于楊筠松楊公特用其法于水作縫鍼以收之耳學

三元者詆之謂爲嘉隆以下人所僞託亦拘墟之見也

一理氣諸書重複穿鑿將公一洗而空之如朱子註鄭衛

詩惡去註疏家說不無廓清之功然註疏之精確者固

自在也而注蔣公書者更有甚焉以此一桶水注彼一

桶了無意味令人生厭學者勿取而入目焉可也

一理氣備于羅經止正鍼盈縮穿山分經四者為要得其

義便知葬地郎所以葬天足與郭氏葬者乘生氣之意

相發明大有裨益于巒頭不必拘牽于三合三元及諸

書之糾紛不已也三元之為是錄也將以省學者之精神

使從事于形勢得吉穴以安其父母而又不至于吉地

葬凶為仁人孝子之一助也云爾

一理氣之用專主立向羅經爲立向計也故作龍氣砂水
四篇列于羅經分注之後詳言用法使閱者先明其理
即得其用而卦氣及各家之說有裨實用而經驗者亦
爲剖析列于其末舉三合三元而一之合其得八卷

一理氣所以輔巒頭人或畏其書多紛雜不可曉三嘗謂
巒頭如圍棋易學而難精理氣如象棋難學而易精曾
見有習巒頭數十年按其所扦無一合法而有驗者蓋
徒知重龍重局而乘氣不清斯穴法不確故終其身無
所得也須取是錄細意求之當知巒頭理氣會通之妙

至是錄中所不載者皆埋氣中之爪牙耳于斯道無當

也若俗師所謂秘訣實求之皆無訣出所謂古本實按

之皆無本也古今來凡不可切實明白皆人者皆無用

之學于此中受害十餘年所得鈔本盈篋徒亂人心

目今皆會而通之所錄者至簡所該者至繁勿以為少

而不措意也予更有山法平洋會通錄十二卷識者可

取而互證焉

一地理辨正一書今術家奉為秘寶其中有言三合者有

言三元者有言巒頭者今概以三元註之不無牽強蒙

混大失廬山真面目予曾著有地理辨正正解于青囊

當出以就正有道

多主三合于天玉多主三元于都天寶照多主巒頭行

近日習氣多尚三元謂其水法之靈驗最著掋效也不

知三元水法原從司馬頭陀水法而出司馬公云乾山

巽水出朝官來水去水總一般若敎巳辰來去見男孤

女寡出貧寒蔣公祖之謂水之來去在天元宜立天元

向水之來去在地元八元宜立地元八元向司馬公所

言是三合衰向水法蔣公謂爲三元水法名雖巽而實

則同也又司馬公祿馬御街格以坤申庚爲陽金酉辛

戌爲陰金蔣公祖之乃立新盤將老盤所謂陰陽悉行

改摸謂陰不是陰陽不是陽令學者莫名其妙司馬公

原習三合蔣公所言三元悉本司馬可見三元三合本

自相通人自不察耳予之是錄先分發兩家之秘玄乃

會通其用欲作者因流溯源爲有本有原之學毋徒守

俗師之陋說以自誤所誤人也或謂怕遭天譴予嘗題

司馬頭陀鉗地錄云天地無私心嶷嶷佳城孝子慈孫

臨處取神仙有慧眼芒芒遺跡狀元宰輔此中來大道

五

參訂姓氏

湘陰郭崙燾志城　華容劉乙燃小山　達摩僧東林

綿竹孫桐生小峯　平江淩漢倬雲陔　上林僧西枝

壽州韓殿甲賡颺　永順姜順昌蒲菴陽益陽周開銘桂塢

湖北曹澍鍾頴生　劉陽張廷觀子湘　譚定澥聖泉

長沙曹杰南岳樵　湘陰任紹肪諤堂　徐維澧碧潭

武陵柳萬春蔭堂　普化歐陽侗松石　胡棐翼珏軒

湘鄉趙煥聯玉班　永順趙尚琦紫崖　周賢杰芷湘

長沙宋倜南楚卿　甯鄉趙珪斐卿　熊運昌曉巍麗蘇荔芝惠香莉菊樵

湘陰楊壽嵒　綬峯　　　　長沙彭藇三　楚賓
　　　　　　　　　　　蕭斐哲　午喬
湘鄉李續熹　璞階　　　清泉丁　驛子開
　　　　　　　　　　　蔡曾澍　群雲
廣順但培昆　幼湖　　湘陰郭家銓　衡唐
　　　　　　　　　　　彭嗣祚　璵卿
長沙陳海鵬　程初　　長沙高壽田　葆吾
　　　　　　　　　　　王德基　愚嵌
浙江王家敏　若農　　江蘇施在鈺　儷鄉
　　　　　　　　　　　楊炳政　午藻
安徽韓殿爵　淦泉　　　　　　熊士鍔　少如
　　　　　　　　　　　羅岷源　湘舫
廣西黎承恩　輔仁　　　　　純　周文儀　稼軒
　　　　　　　　　　　段典　玉漱雲
長沙周瑞麟　雨香　　湘潭胡松榮　樹仙
　　　　　　安化姚　聖生園　任典　淮王喬
長沙周瑞麟　　　　　甯鄉黃禮堂　月岩
　　　　　　　　　　　姚德發　豐勖宣
江西李應春　訓參　　沉江陳維鼎　笛瀾
　　羅振雲　竹坡　　　　　姚榮權　興甫
　　　　　　安化姚　七沉海濤堂兄　姚文運　覽圣
　　　　　　　　　　　姚炳純　品軒

自古言堪輿者三家巒頭曰形家選擇曰曰家理氣曰法
家巒頭主體山岡水洋平陽千變萬狀該以龍穴砂水選
擇輔理氣之用而理氣尤形勝之指南益氣與形相表裏
有地形卽有地氣形徵於寶氣運於虛寶者迹象可憑座
者幽渺鮮據認形易真認氣難的此理氣諸書所以爭持
其勝也吾讀河洛精蘊而知三盤鍼路至理貫輸精而且
奧讀地理辨正疏而知三元遞令一氣流行廣而且大嘗
欲輯爲一書覺地學之迷津以無暇屢攝思卽望洋而返
益陽姚君舸丞所著元合會通發明理氣之義三元三合

挨星輔星皆能窮其源流證其同異適合鄙見以是書爲
準繩則言巒頭者庶知形氣之統貫言理氣者庶知本原
之指歸而不至牽強執見臆斷憑私矣方今行術之士抄
本盈笥祕訣滿口攻擊互黨各持一是其膚淺者語俚詞
陋挾技取巧識者每非笑而深鄙之其覷爲緘默自炫神
奇者則惝恍其辭支離其說以高深文驕各其蔽也詐而
誇而遽爲地師者實受害于不覺以先人之遺骸聽此輩
之愚弄此輩不足責也奈何爲人子者皆執迷不悟也得
是書讀之知配龍乘氣納水消砂而點穴立向有不可移

之正軌其有功於世道非淺也更准之以巒頭兼之以選

擇斯誠集地學之大成矣亦何莫非上律天時下襲水土

之微義哉同治十年歲次辛未冬十月初吉新化鄒湘倜

第三層洛書

第四層二十四位

第五層穿山七十二

第六層正鍼內分金

第七層天星

第八層九星附挨星口訣

第九層十二次舍

第十層太陽躔次

十一層盈縮六十龍

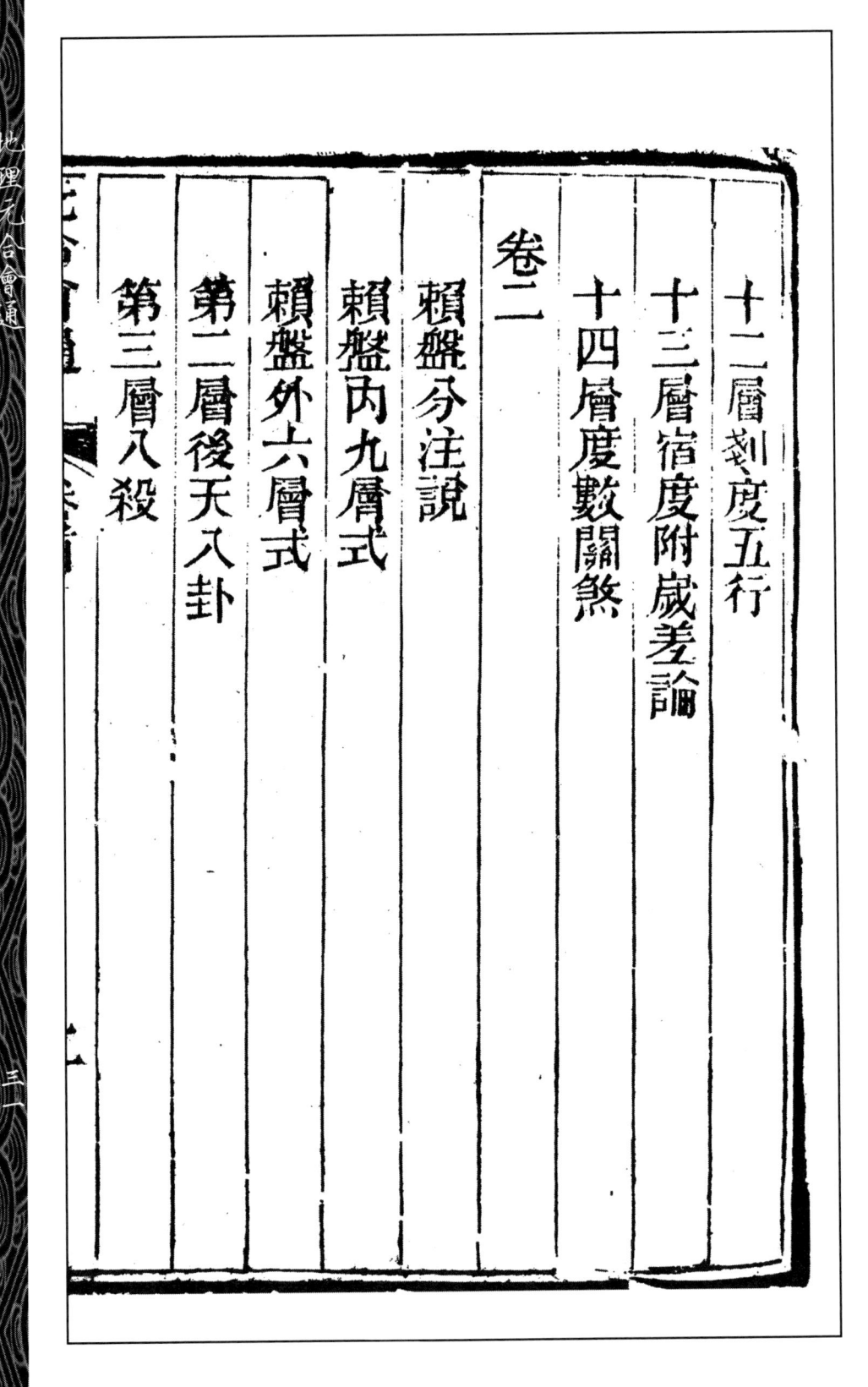

第四層黃泉

第五層九星

第六層正鍼二十四位

第七層節氣

第十層中鍼二十四位

十一層天星

十二層平分六十龍

十三層縫鍼二十四位

十四層縫鍼外分金

地理元合會通卷之一

益陽姚　靜敎刪丞議

蚋譚昌謬律至

甯鄉楊　堃方城

受業堉廖新垻鄂棠校

江　清學臣菜

男育根培堂

理氣必本羅經說

地之爲學也。有三曰巒頭。曰理氣曰選擇巒頭主龍選擇主山理氣主向而皆取證于羅經古聖之制作與古名師之薪傳固未可輕議者予少習形家言每謂巒頭有據理氣無憑而又疑先賢之殊爲多事也旣而博覽羣書歷功

名墓間遇賢師益友提撕幾費揣摩乃有所得而後知理
氣之有神于巒頭者大矣葢不驗諸理氣無以探天地八
一本同原之奧眼孔愈放心境愈粗其所謂巒頭者必不
精而密如沈六圃先生可鑒也古之精是道者所著鉗課
歷數百載不差毫髮豈有他哉合巒頭理氣會而通之而
已第書目太繁為類太廣驟求者難衷諸一是于乃擇�
取要舉所必用之端分注于羅盤之下藉羅盤以言理氣
非徒作羅經解也泛求之而鮮據曷若實言之而無憑者
皆有憑拊心者語必切是則亏之抛也

元合會通說

易之爲道也先天主對待後天主流行是二者足以盡天
地之精蘊而無遺者也堪輿家窺天地之秘藏以先天爲
體後天爲用合對待流行而一以貫之而其術始神三合
者對待之義三元者流行之機實相成弗相背也大聖人
下襲水土因其一定之理辟如天地之持載覆幬橫言之
也三合家主之上律矢時法其自然之運辟如四時之錯
行代明直言之也三元家主之方與之橫列也東木西金
南火北水震巽木生離火離火生坤土坤土生乾兌金乾

兌金生坎水坎水復藉貝土以生木入卦方位五行順序
固燦然在目者則木生亥旺卯墓未火生寅旺午墓戌金
生巳旺酉墓丑水生申旺子墓辰寅一定之理淮南子首
發明之而郭璞葬經謂派於未盛朝於大旺流於四謝卽
其義也而五行之生各有陽有陰陽死則陰生陰死則陽
生陽木爲甲陰木爲乙甲木生亥而死午乙木卽生午而
死亥生亥者、爲亥、卯、未局生午者爲午寅戌局木燼而火
傳也陽火爲丙陰火爲丁丙火生寅而死酉丁火卽生酉
而死寅生寅者爲寅午戌局生酉者爲酉巳丑局火燼而

金成也。陽金為庚陰金為辛庚金生巳而死子辛金卽生
子而死巳生巳者為巳酉丑局生子者為子申辰局金融
而水化也。陽水為壬陰水為癸壬水生申而死卯癸水卽
生卯而死申生申者為申子辰局生卯者為卯亥未局水
凝而木茁也故天下之物無巨細無有孤陰孤陽而獨立
陽氣也必有水自午而戌為乙木之陰氣者以相配所謂
者而山與水必取其相配對山有自寅而戌者是丙火之
乙丙交而趨戌也山有自子而辰者是辛金之陰氣也必
有水自申而辰為壬水之陽氣以相配所謂辛壬會而聚

辰也山有自巳而丑者是庚金之陽氣也必有水自酉而
丑者爲丁火之陰氣以相配所謂斗牛納庚丁之氣也山
有自卯而未者是癸水之陰氣也必有水自亥而未者爲
甲木之陽氣以相配所謂金羊收癸甲之靈也山陽則水
陰山陰則水陽山水循環互爲配對此三合之理一定而
無可疑者楊公本淮南郭璞之說而行之謂之無事水法
若爲之行所無事也其著效也捷如影響世所稱楊救貧
者以此也洛書之象一在北屬坎二在西南屬坤三在東
屬震四在東南屬巽六在西北屬乾七在西屬兌八在東

花屬艮九在南屬離天氣之流行也由一而二而三而四
而五而六而七而八而九猶算今日而至明日算今年而
至明年也直言之也三而分之一二三爲上元四六爲中
元七八九爲下元一卦管二十年一元六十年中元無五
故四六各管二十年三元共一百八十年中而分之一二
三四爲東四卦六七八九爲西四卦東四卦之山要西四
卦之水西四卦之山要東四卦之水山水循環流行不盡
是天地自然之運無可疑者以此斷墓宅之廢興分毫不
爽故世稱爲三元捷徑善斯術者必熟精三合三元之理

朗然於心擇龍真穴的之處融會二者之精以立向予所

著配龍乘氣納水消砂四訣乃合三元三合會而通之者

也知此則頭頭是道不至惑己以惑人若各守一見互相

攻擊其為夏蟲不可語冰者奚異哉噫惑矣

蔣盤分注說

羅盤之制始自指南車自唐邱延瀚得異人傳授以後有

正鍼二十四分金百二十穿山七十二盈縮六十其所為

取天地一氣貫輸者理至奧用至精也後賢臻至數十層

重複雜沓不免屋下蓋屋之譏蔣公謂天星之學知賴公

所加中鍼卽所以明盈縮者也知用盈縮而中鍼可以不

用楊公所加縫鍼推本百二一分金合子癸皆子之義蔣公

取天玉三卦之說以父母兼子息爲言而又以乾亥壬爲

陽子癸丑爲陰卽寓縫鍼之意也若平分六十龍從穿山

七十二而出昔賢皆議之若各家所增卦例畫蛇添足徒

亂人心目蔣公刪繁就簡別造一盤亦爲簡便至宿度一

層于古度之外添設今度更爲有盈第未有通人爲之發

明而私心穿鑿者不以意融會前人强爲其說以攻先哲

而斯道以廢于乃取蔣公所用原盤繪圖于左逐一具名

于上而按次說其義于後俾學者舉羅盤以相對朗然若

列眉而因以得其奧至俗師所用盤舉分經穿山盈縮而

悉歸無有問之而全然不知而造葬者奚用此羅盤為宜

俗師之貽害于人致自遭絕滅者多矣或又新增挨星卦

氣數層不知蔣公所謂挨星特借星以言元運其詫不在

卦也支離其說者以艱深文其淺陋天下之罪人亦楊公

之罪人也見予所注當瞿然失矣至劃度關煞宿度三層

圖小不能具載僅存其名而後為之說○

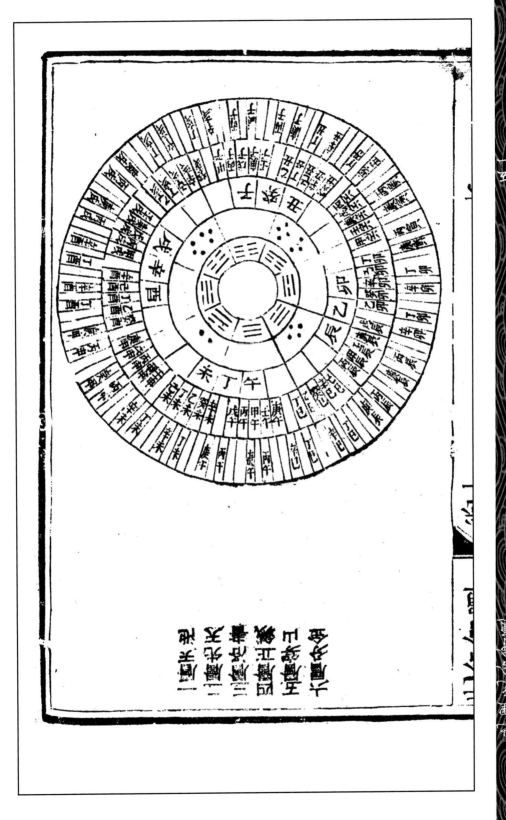

七層天星
八層挨星
九層次舍
十層太陽
十一層盈縮

第一層天池

池闊一寸二分象十二月。深三分象三十日。底用蚌殼磨
光蚌殼土也中畫線路南對張二度七十六分五釐合今
歷為柳六度北偏虛九度危初度之間今為女五度乃陰
陽之中路子午之正鍼也王楚卿所謂虛危之間鍼路明
南方張度上三乘是也凡定鍼須盤盛五穀天氣晴明在
六陽時用之自然不爽若六陰時及陰暗處子午雖正終
必參差或于金井內用鍼金被土埋鍼必無主取出金井
一見陽光子午多不對陰陽必取相配此其驗也。

第二層先天卦位

先天卦位乾南坤北天地定位也。離東坎西水火不相射也。艮西北兌東南山澤通氣也。震東北巽西南雷風相搏也。乾兌離震為陽巽坎艮坤為陰乾兌為太陽離震為少陰巽坎為少陽艮坤為太陰其原本自河圖地理家以為格龍乘氣之用河圖太陽居一而連九少陰居二而連八。少陽居三而連七太陰居四而連六八首氣脈要取先天合後天陰陽相配如一九連而合十二八連而合十三七連而合十四六連而合十也訣曰先後并用後靜先動先

天順行一離五坤先天倒行一坎五艮法將先天順排作

山乾一兌二離三震四故乾一從離起也巽五坎六艮七

坤八故巽五從坤起也復將先天倒排作龍故乾一從坎

起巽五從艮起也以乾坤艮巽之龍作乾坤艮巽之向坎

離震兌之龍作坎離震兌之向男女老少龍向配合所謂

河圖辨陰陽之交媾者此也但此法須從後龍分脈處定

若專在東咽處求之則迂矣

第三層洛書

洛書戴九履一左三右七二四為肩六八為足五居中央

以先天卦位配之坤一巽二離三兌四中五艮六坎七震

八乾九以後天卦位配之坎一坤二震三巽四中五乾六

兌七艮八離九古來陰陽家如後漢書程駟傳仰探遠於

九乾虎蒼子巽二起風皆主先天言也近日術家只知以

後天言之法以一二三爲上元四五六爲中元七八九爲

下元大運六十年爲一宮小運二十年爲一宮凡有大幹

結作力大氣厚者當以大運推其興廢每一宮管六十年

一元管一百八十年三元管五百四十年支幛小結一鉤

一搭則以小運斷之每一宮二十年用事一元管六十年

三元管一百八十年所謂洛書辨甲運之興衰者是也三

元氣運本於河圖而方位不外洛書地居四隅天居四正

一生一成相爲經緯一陰一陽相爲交媾至元至妙之道

也如天一生水爲上元首運而向水取於南者北方水必

需天九之金以生之一六共宗故乾水卽爲照神坤二生

火爲上元二運取艮方地八之木以生之而二七同道故

兌水卽爲照神天三生木爲上元末運取兌方天七之火

以養之而三八爲朋故艮水卽爲照神地四生金爲中元

首運取乾地六之水以養之而四九爲友故離水卽爲照

神地六成之為中元末運取巽地四之金以生之而一六
其宗故坎水即為照神天七成之為下元首運取震方水
者需天三之木以生也二七同道故坤水為照神地八成
之為下元中運取地二之火以養之三八為朋故震水為
照神天九成之為下元末運取北方天一之水以養之而
四九為友故東南地四之巽水為照神總之四生如孩兒
之待父母四養如泉老之俟子孫淺言之為五行相生之
體深言之即八卦顛倒之用明洛書之義參以先天後天
之卦配以九宮九星之用約以四吉四凶列以上中下三

元斯道之秘旨盡矣同治三年甲子係大運第一甲子論

地者當看其地之大小厚薄推斷八局之旺衰以卜其應

年之久暫也

第四層二十四位

二十四位專用正鍼一卦三山分天地人三元天元為父

母人元為順子地元為逆子子午卯酉乾坤艮巽天卦也

父母也甲庚壬丙辰戌丑未地卦也逆子也皆向左行不

與父母同路宜單用所謂江東一卦從來吉八神四個一

也乙辛丁癸寅申巳亥人卦也順子也皆向右行與父母

立天元向水之來去在地元八元則宜立地元八元向所

十四山雙雙起也其立向牧水也水之來去在天元則宜

辛戌爲陰金一陰一陽一順一逆合成四十八局所謂二

則巽巳丙爲陽火午丁未爲陰火西則坤申庚爲陽金酉

水子癸丑爲陰水東則艮寅甲爲陽木卯乙辰爲陰木南

北水東木西金每方各六位而中分之北則乾亥壬爲陽

兼用壬宜獨用其分陰陽也二十四山分東西南北南火

卦壬子癸三山壬爲天元癸爲人元壬爲地元子癸可以

同路可兼用所謂江東一卦排龍位八神四個二也如坎

謂葬山首邱葬水首流即楊公水來當面是眞踪之義又

地支曰正神干維曰零神收零神之水須立正神之向收

正神之水須立零神之向是壽饒陽用陰朝陰用陽應顛

顛倒倒之義

第五層穿山七十二

六十花甲加八干四維之正三分二十四山而成七十二、

以應七十二候楊公寶鑑所謂穿山虎是也其甲子起于

正鍼之壬中應大雪上候之氣與透地龍相表裏透地應

天氣以辨龍穿山應地氣以坐穴故穿山專主坐穴與龍

氣無涉地理取用專避空亡差錯并忌坐穴之納音剋洩

亡命之納音其法當八干四維之正中空處爲大空亡地

支正中處如戊子己丑庚寅辛卯壬辰癸巳甲午乙未丙

申丁酉戊戌己亥十二位爲大差錯又名正冲殺坐之皆

中曰小差錯坐之主貧敗訣曰八干四維中大空大差錯

主敗絶七十二位之縫中曰小空七正鍼二十四位之縫

在地支中七二縫中三八縫小空小錯坐皆凶廬公所謂

三七者言此層甲子在壬本位得壬三分零右邊加三分

仍是壬左邊加三分是子故甲子穿山爲七壬三子丙子

在子本位得子三分零左邊加三分仍是子右邊加三分

是壬故丙子爲七子三壬戊子正當子中為正子庚子則

七子三癸壬子則七癸三壬戊子是將二十四山每山作十分

扣算惟三七位方可坐穴如壬山止可坐癸亥甲子子山

止可坐丙子庚子也昔人又以穿山所坐甲子所得之卦

謂之本卦遁其子父才官三奇四吉祿馬貴人收四吉之

山發三奇之水其貴祿財官之方得尖圓高聳之峰者富

貴如坐穴與山川不合則當爲一穿山以收之似屬破碎

可以不必

第六層正鍼內分金

百二十分金者正鍼二十四山每山各列五位其得百二

十位也與正鍼穿山透地四層及雙山洪範小元空三家

五行皆出于邱延瀚而發明于楊筠松誠屬神物非凡人

所能臆測也古有素書以明透地寶鏡以明穿山瀛海以

明分金三者係盤鍼之正宗吉凶之樞紐在所必用缺一

不可其餘皆此三者也透地從天極之子午穿山從浮

鍼之子午分金從日影之子午故分金從地支出不列子

一支而乘前支一半如子癸二宮其列十子而癸前一半

屬丑亦列之以于也古人立臬測日影以正南北其最長

最短之影較浮鍼畧偏丁半位則分金之十子俱在于支

之內並不犯丑也楊賴二公加二縫鍼不過指明透地分

金兩盤之原由使人易知耳此盤作用取丙丁庚辛之旺

相避戍亡之龜甲壬癸甲乙之孤虛其納音不得起避透

地之納音蓋丙庚納于艮震丁辛納于兑巽四卦各除中

爻爲卦體上下二爻陰陽交媾爲陰陽冲和又四少易子

生育主發福速故曰旺相甲乙戍己壬癸納于乾坤坎離

乾坤爲二老孤虛無配不能生育故曰孤虛坎離除中爻

爲體亦純一不爻如竈甲之堅氣不可八故曰竈甲空亡

賴公子丙庚丁辛分金則書之子甲壬乙癸戊己則空其

位甚屬簡明屬公又以本金納音之生旺定分金之美惡

如內子水分在子宮爲旺地曰吉甲子金分在子宮爲死

地曰凶亦可參用廬公所謂二八者言此層每一山作十

分一山五金每金得二分如甲子在子得于二分左邊加

四分仍是子右邊加四分是壬故甲子上六子四壬丙子得

子二分左邊加四分是子右邊加四分得二分子二分壬

故丙子八子二壬戊子正子庚子八子二癸壬子六子四

癸四六金偏薄犯孤虛正位犯空亡差錯分金惟二八可

坐也又龍脈從此分金透入忌用此分金為坐向犯之氣

沖腦散為雙金煞秘籤云分金分入金云者謂分別五行之氣如

剪開金銀不復粘合也素書云分金分入金若可借用又憑分金

何哉時師好氣左三分右三分調用陽借陰用陰借陽用

天干借地支用地支借天干多犯分切不清之害

第七層天星

賴盤天星本賴公催官篇此本天玉經而設也天玉經云

坎離水火中天過龍堰移帝座寶蓋鳳閣四維朝簪駿登

龍樓罡刧弔煞休犯著四墓多銷鑠金枝玉葉四孟裝金

稍玉印藏帝釋一神定州府紫微同八武更有一星佐尊

貴坤是金神位按子爲帝佐午爲龍埠卯爲將星酉爲華

蓋爲太陰寅爲金箱申爲玉印爲天財巳爲金枝亥爲玉

葉爲紫微辰爲天罡戌爲天刧爲地煞丑爲天弔未爲天

煞乾爲龍樓爲太陽坤爲寶蓋爲佐尊艮爲鳳閣爲玉曜

巽爲寶殿爲紫燕甲爲鬼刧庚爲刧煞丙爲炎釋壬爲元

武爲八武爲咸池乙爲功曹辛爲直符丁爲帝輦爲帝勅

癸爲鸞駕凡吉星之位峰巒聳起秀水特朝合龍向之生

明則主大富貴

第八層九星

坤壬乙巨門從頭出艮丙辛位位是破軍巽辰亥盡是武

曲位甲癸申貪狼一路行子未卯三位祿存倒倒寅庚丁顛

倒作輔星午酉丑右弼輪到九戌乾巳亥曲古連四凶上元

吉向貪巨祿中元吉向文武連下元吉向破輔弼城門水

口對宮旋合得三元三吉位福來極速禍不沾能將外水

星翻吉煞去山收造化全自壬而庚而丙而甲自乾而坤

而巽而艮自亥而申而巳而寅爲逆子十二局宜順挨九

星自子、而卯、而午、而酉、自癸、而丁、而辛、自丑、而辰、而

未、而戌、爲順子十二局宜逆挨九星挨星曰訣云乾辛巳

破壬戌丑乾寅庚輔癸亥寅乾酉丑弼子乾艮震丙辛軍

坤酉午震庚丁左申辛丁震午酉右未庚丙坎艮丙軍乙

寅亥坎寅丁左甲丑戌坎午丑右卯艮乾離癸甲中食庚木

辰離坤壬巨辛申巳離子未祿酉坤巽巽甲癸貪寅乙癸

巽壬巨艮卯子巽子卯祿丑甲壬坤甲申貪乙癸

坤乙巨丙辰未坤未卯祿午巽兌艮離武戌申子戌宮

坐丁出壬甲兌艮離武乾子卯兌酉丑文亥癸乙艮離輿

文辰丙庚艮艮離文巽午酉艮卯未武巳丁辛乾祖山脈

剎辛艮是壬山丙向有丙水朝吉戌丑二方水來去皆吉

挨星從破軍上倒排父母順挨令星到向是艮丙辛之局

也而坤山艮乙山辛亦如之此上元甲子甲戌二十年首

運也剎寅庚是癸山丁向有丁水朝吉亥寅二方水來去

皆吉挨星從左輔上倒排父母逆挨令星到向是寅庚丁

之局也而申山寅甲山庚亦如之此上元甲申甲午二十

年次運也剎酉丑是子山午向有午水朝吉乾艮二方水

來去皆吉挨星從右弼上倒排父母順排令星到向是午

酉丑之局也而卯山酉未山丑亦如之此上元甲辰甲寅

二十年末運也蓋貪巨祿三星與破輔弼三星一陰一陽

一山一水囬環配對地理家重向此從向上挨星而細分

之一星中叉作三星也推其本而言之坎一屬貪為上元

首運而坤得氣之先亦屬上元首運坤二屬巨為二元次

運而巽得氣之先亦屬上元次運震三屬祿為上元末運

而離得氣之先亦屬上元末運要而言之上運六十年令

星有三而吉向三十神而明之頭頭是道龍合山山合向

向合水于楊公無事水法司馬公奇貴水格無不暗合敢

效甚遠應驗如神、惟在用之者之得其妙耳舉一坎而八
卦可例推舉一上元而三元可隅反然此中所以然之理
至精至奧非若諸書所載之了無意味也深明易學者識
陰陽進退消長之幾乃足以語此宜世之詆捄星者多謂
其淺陋也其亦淺者見淺之故也夫

第九層十二次舍
析木本居寅火卯壽星辰三鶉巳午未實沈位居申梁酉
降婁戊娵訾亥上陳子枵丑星紀逆向掌中輪

第十層太陽躔次

太陽立春到壬雨水過亥驚蟄到乾春分過戌清明到辛

穀雨過酉立夏到庚小滿過申芒種到坤夏至過未小暑

到丁大暑過午立秋到丙處暑入巳白露到巽秋分過辰

寒露到乙霜降過卯立冬到甲小雪過寅大雪到艮冬至

過丑小寒到癸大寒過子揆太陽卽月將在亥卯二宮一

日行一度六十分每一時行五分在戌辰二宮每一

日行五十九分酉巳二宮每一日行五十八分申未午二

宮每一日行五十七分寅丑子三宮每一日行一度一分

其出没之所在正九出入乙庚方二八出卯六酉場三七

發甲入辛地四六生寅入戌藏五月出艮歸竝上仲冬出
巽沒坤方惟有十與十二月出辰入申餘細詳 太陽前後
光照十五度須查臺歷某月日時刻到所作山向方度所
謂歷數太陽也楊公造命歌云六個太陽三個緊中間歷
數第一親六個太陽謂守爽照拱關輔也在山曰守又曰
蓋夾山方夾命宮曰爽在向隔六宮一百八十度曰對照
曰沖照在三合方隔四宮一百二十度曰爽目釣在四正
二兹方隔三宮九十度曰關在六合方隔二宮六十度曰
輔迎其將來曰臨三個緊乃守爽拱之於山也凡曰月拱

山爽山以無凶星雜其中為妙諏吉彙纂調六個太陽昇

元都纂烏兔雷霆都天寶照四利二三元也非是

十一層盈縮六十龍

天機素書云盈縮六十即透地龍也上應星氣故名天紀

專主格龍乘氣之用格龍之法在穴星後來龍過峽結咽

處分水脊上定盤鍼看來脈係何花甲隷在某卦為某龍

屬何納音以斷生剋及消納也乘氣之法在穴星上降脈

結穴處分水脊上定盤鍼看到穴之脈氣是陰是陽以憑

順旋乘堆也如得透地辛亥龍係天皇正氣納音屬金若

脈從石來則以左耳來氣穴宜坐乾向巽乾上要得內分

金之庚戌金穴在壁七壁八土度中使辛亥正氣從左耳

而進也至于行注布氣之溝其線縫當中亦宜合己亥之

壁七壁八及溝頭轉折處亦宜用所該宮分之土度或金

木度皆吉而土金木度中又不犯關煞空亡差錯方爲全

吉若用火度則剋龍矣吳景鸞扦徽州府基記云卯龍丙

向甲門開五百年間產大財走了紫陽山下水乙庚之歲

損嬰孩基係透地癸卯龍過峽癸卯隸震故曰卯龍癸卯

納音屬金金生在巳水去紫陽山下係巽巳方流破長生

故於乙庚化金之年有損嬰孩之應又遂安縣余鴇宣扦

一太陽金星穴庚酉落脈立庚山甲向碑文云離龍甲向

因追步後龍及數里過峽處格之真離也又如賴公飛布

地記云百里天皇世所稀廖公鵝塘池記云神后行龍來

百里三度失其蹤皆于峽上用透地格龍也盈縮六十周

佈剗度五行之上雜七十二龍之干維空處皆得六甲管

攝不屈其位故曰渾天剗度所管之界限有盈有縮渾天

上應天道盈縮之變故官位亦與剗度同闊狹此法分自

三元經其甲子起于正鍼之亥未進壬前三度三度即三

日三十六時也在牢山辛亥之下乃壬祿之鄉甲木生氣
之府壬爲甲父亥爲甲母故甲子不生于子而生于亥卽
先賢積三十而後起冬至之意也冬至節前是大雪乃陰
氣之終夏至節前是芒種乃陽氣之終此陰陽交接之會
也然有節氣至而天氣未至者或天氣至而節氣未至者
因氣候之有盈縮故月分之有大小也所以盈縮宮位亦
如刻度焉

第十二層刻度五行

盈縮六十龍之下周佈六十一位五行金十二木十三水

十二火十二土十二。每位各分管列宿之度數爲劉度五
行其五行不與花甲納音所屬相同或從天干或從地支
或從納音或取天干所化或取地支所藏其宮位之闊狹
應天氣之盈縮也五行之錯雜法天道之錯綜也瀛海經
云劉度五行與坐穴穿山之納音相爲體用坐度爲生坐
穴爲賓度生穴爲洩穴生度爲恩度剋穴爲財穴剋度爲
殺比和爲得宜如丙子水穴坐火度爲殺戊子火穴坐水
度爲財之類又坐度剋來水之度吉來水之度剋坐度凶
山剋穴者人多發福穴剋山者其家少孫穴剋水財源

積聚水而尅穴必遭荼毒又按盈縮甲子金龍帶坎卦管

室宿五六七八九十其六度屬金從納音也丙子水龍帶

困卦管危十六室一二三四其五度屬火龍帶師卦管危十

一至十五其五度屬水取地支所藏也庚子土龍帶解卦管危五至十其六度屬金從天二也

壬子木龍帶解卦管虛九少危一至四其五度屬木從納

音也乙丑金龍帶渙卦管虛三至八其六度屬土取地支

所藏也丁丑水龍帶渙卦管女八九十一虛一二三其六

度屬水取納音也己丑火龍未濟管女三至七其五度屬

金取地支藏金也辛丑土龍漸管半十四五六七女一二其

六度屬木取天干化水生木也癸丑木龍艮管斗廿一二

太牛一二三其五度半屬土取地支藏土也丙寅火龍小

渦管斗十五度至二十其六度屬火收納音火也戊寅土

龍謙前五度管斗八至十二屬火後二度管斗十三二十四

屬木取地支所藏也庚寅木龍旅管斗十二至七其六度屬

金取天干金也壬寅金龍旅管箕六七八九半至斗一共

六度屬水取天干水也甲寅水龍艮管尾十七八箕一至

五其七度屬土取天干化土也丁卯火龍死亡管尾十一

至十六其六度屬木取地支藏木也己卯火龍頤管尾入

九十其三度屬金取天干生金也辛卯木龍陘管心四五、

六尾一至尾七其十度屬水取天干生水也癸卯金龍震

管房四五六心一二其六度屬土取天干化生也乙卯

水龍屯管氐十三四五六少房一二三其七度屬木取天

干木也戊辰木龍噬嗑管氐七至十二其六度屬火取天

干化火也庚辰金龍震管氐二至六其五度屬水取地支

藏水也壬辰水龍復管六五至九太氐二其七度屬土取

地支藏土也甲辰火龍巽管角十一十二太奎一至四其

七度屬木取天干木也丙辰土龍升管到五至十．其六度

屬火取天干火也己巳木龍鼎管軫十七十八太角一二

三四．其七度屬金取地支藏金也辛巳金龍大過管軫十

一至十六．其六度屬木取天干化生也癸巳水龍巽管軫

五至十．六度屬土取地支藏土也乙巳火龍恒管翌十

八九廿．少軫一二三四．其七度半屬火取納音火也丁

巳土龍蠱管翌十一至十七．其六度屬金取地支藏金也

庚午土龍豐管翌六七八九十．其五度屬水取天干生水

也壬午木龍家人管張十八太翌一二三四五．其六度屬

土取地支藏土也用午金龍離管張十三至一、七至五度、

屬木取天干木也丙午水龍明夷管張七至十二其六度、

屬火取天干火也戊午火龍既濟管張二至六其五度屬

水取元空金生水也辛未土龍革管柳十三半星一至六

太張一其十度屬金取天干金也癸未木龍離管地細九至

十二其四度屬土取地支藏土也乙未金龍革管柳三至

八其六度屬水取納音金生水也丁未水龍豫管井廿八

九三十少鬼一二少柳一二其八度屬火取天干火也己

未火龍晉管井二十二至廿七其六度屬金取天干生金

也壬申金龍觀管井十六至廿一共六度屬木取天干生

木也甲申水龍坤管井十一至十五共五度屬火取天干

生火也丙申火龍否管井六至十共五度屬水取天干化

水也戊申土龍萃管參八九木井一二三四五共七度半

屬金取天干生金也庚申木龍坤管參三至七共五度屬

禾取納音木也癸酉金龍兌管畢十三至十六太蠶半參

一二共六度半屬土取天干化生也乙酉水龍歸妹管畢

七至十二共六度屬水取納音水也丁酉火龍中孚管畢

二至六共五度屬火取納音火也己酉土龍歸妹管昴六

至十一畢一其七度屬木取地支藏辛金化比木也辛酉

木龍履管胃十五少昴一至五其六度半屬土取地支三

合丑土也甲戌火龍兌管胃九至十四其六度屬金取天

千化生也丙戌土龍履管胃四至八其五度屬土取納音

土也戌戌木龍履管婁九至十二太胃一二三其九度屬

水取地支藏金生水也庚戌金龍大有管婁三至八其六

度屬金取納音金也壬戌水龍需管奎十五至十八婁一

二其六度屬火取地支藏火也乙亥火龍大有管奎九至

十四其五度屬木取天千木也丁亥土龍大壯管奎二至

八其七度屬火取天干火也己亥木龍共管壁六至九太

奎一其六度太屬土取天干土也辛亥金龍泰管壁一至

五室十七十八少共七度少屬水取地支藏水也癸亥水

龍乾管室十一至十六其六度屬木取天干生木也其內

卦作用與穿山同。

第十三層宿度

黃道三百六十五度四分度之一每度作百分太度七十

五分少度二十五分半度五十分其成三百六十五度二

十五分二十八宿羅列于周天是爲天經按圖天一百零

七萬一千里徑三十五萬七千里每一分金入八千九百餘

里一度二千九百餘里故立向毫釐之差必致千里之謬

古有統天開禧會天授時四歷賴盤所載係南宋甯宗開

禧歷度數與今七政臺歷不符坐穴撥砂選擇當遵今歷

始准四歷各載太陽過宮度數分抄不同如太陽過巽二宮

統天載女二度九十五分九抄開禧載九十二分九十三

抄會天載九十二分八抄授時載九十六分三十八抄四

歷分抄多寡雖殊過宮女二則一也堯時冬至日在子中

虛六度至秦莊襄元年計一千零廿八年冬至日在斗廿

二度。故月令與堯典中星不合又一千二百九十二年至

宋仁宗慶曆甲申年冬至日在斗五度至明萬曆時日在

箕二度上距堯時四千一百餘年計差五十度有奇其二

萬九千二百年差三百六十五度零天與地合矣歲差論

云天與七政皆繞地左旋而曆家以七政為右旋說雖殊

而實一也○自北而東而南而西日躔旋按尚書蔡傳天體

至圓周圍三百六十五度四分度之一繞地左旋常一日

一週天而過一度日躔天而少遲一日亦繞地一週而在

天為不及一度積三百六十五日有奇而與天會如子正

初刻以壼漏定之也太陽躔丑宮初度勸神躔疆起於地底
北方之正中子點上升而東行迨明日子正初刻太陽又
起地底北方之正中子點而天巳過丑宮初度偏東一度
而太陽所起之子點巳為丑宮一度天仍與太陽同升太
陽于天為不及一度積三百六十五日有奇則全差三百
六十五度四分度之一而復于丑宮初度之原點而與天
會歴家以退為進握算之捷法也太陰及五星皆然故中
法所謂歲差者謂太陽之行歲歲漸差而東而西洋算法
謂列宿之行歲歲漸移而西中法謂恒星不動故以列宿

天分宮爲天體謂角亢在辰民房心在卯尾箕在寅斗牛
在丑女虛危在子室壁在亥奎婁在戌胃昴畢在酉觜參
在申井鬼在未柳星張在午翌軫在巳日躔則堯甲子冬
至日在虛六度至今冬至日躔入寅之箕太陽東旋大暑
如此先儒謂天度三百六十五度四分度之一而百餘年
數三百六十五日四分日之一而不足天度常平運而舒
日躔常内轉而縮如今年冬至日躔箕一度之第十分次
年冬至日躔比天差一周仍會天于箕一度之第十分却
因日數少于天度尚在箕一度第九分若干杪約七十餘

年而透一度西法謂日躔毎逢冬至必復丑宮初度之原

點列宿却歲歲西行蓋西土用大儀器密測普天諸星經

緯俱歲有移度則列宿天亦如七政之浮動于太虛未可

據以分宮故推本于最上一層之宗動天而以宗動天爲

天體以宗動天分宮其法有九重天者說九重天者周輪

天最卑而在下其上爲水星天又上爲金星天又上爲日

輪天又上爲火星天又上爲木星天又上爲土星天又上

爲列宿天又上爲宗動天本卑者行遲高者行速至宗動天

而極速諸天之會于宗動也行愈遲則會愈速行愈速則

會愈遲日輪天之行遲于宗動天並遲于列宿天故每日

後宗動天一度次年冬至較上年冬至比宗動天差一週

復于丑宮初度之原點而與宗動天會列宿天之行遲于

宗動天而速于日輪天者也故須一萬五千四百一十年

有奇幾比宗動天差一週復于丑宮初度之原點而與宗

動天會次年冬至僅比上年冬至丑宮初度之原點西行

五十一秒故星躔漸移而西焉二說以西法為勝何者書

言日月之行則有冬有夏若如中法所言果係太陽之差

而東則堯時冬至日躔子中今易而躔寅再比而辰而

巳將時序之寒暑晝夜之永短互異矣可乎　國朝數理
精蘊書獨取西人之說誠定爲萬世法談布衣丁戊據邵
康節冬至于半之言謂冬至日躔當板定于子中不當板
定于丑中不知子半之說可以論月建不可以論日躔必
以冬至爲子半之說則酉中豈春分之期上古十一月冬
至歷元初起時日躔丑宮之斗度故以丑爲星紀之次逍
堯時冬至日躔子之虛盖巳東旋一周矣先儒又謂歲差
之法古未曾有始自東晉虞喜不知四仲中星堯典巳備
詳其說迨經秦火巳失其傳至晉姜岌首以夜半于時升

于午點之星對沖以來而太陽之眞躔始得用今以論術數星與官當分別觀之分野之法論星不論官觀左傳參爲晉星可見故尾箕爲燕分斗牛爲吳分不因箕過入丑而箕遂爲吳分也六壬家官禽法繫乎官者也宜從平其舊堪輿家撥砂法亦繫乎星者也宜從平其新會而通之庶幾有准耳

第十四層度數關煞

書曰忌陰陽差錯之位避五行關煞之官訣曰金關木瘮傷木關土瘟瘴土關水瘟疫水關火少亡火關⋯⋯欠殃千

頭關煞猶寬緩支冲關煞禍難當差錯空上一伙敗紀十二

宮中仔細詳凡六十一位刻度五行之分界交邊虛為關、

遇五行相剋者為煞相生比和者謂之有關無煞陰陽中

半不純者謂之陰錯陽差正針八千四維正中一度曰大

空亡穿山縫中一度曰小空亡地支中一度曰大差錯二

十四山縫鍼一度曰陰陽差錯其四十八度為天機四十

八殺五行關煞之宮七十四度凶星反吟伏吟五行剋戰

之地五十八度協吉者、一百八十度而已賴公為立簡捷

易曉之法于差錯之度則記一义于空亡度則記一亡于

關煞間則記一殺于全吉者則記一圈于吉凶相半者則

空其位令人一見了然又六金在辰婁金在戌牛金在丑

鬼金在未乘氣分金前人必避此四宿度今同治己巳臺

懋四金度不在辰戌丑未而在子午卯酉牛金七度四十

分始于子之三度終于子之十度六金十度三二六分始

于卯之四度終于卯之十三度鬼金四度三十四分始于

午之五度終于午之九度婁金十二度五十七分始于酉

之三度終于酉之十五度須依新度斟酌用之若關煞從

透地刻度五行上起今昔無殊賴公舊法可仍憚也

益陽姚諄教卿丞譔　　　　余炳奎蘭陔

宜鄉楊　墅方城　　受業曹廣漣浚生校

江　清學臣　枀　　男青枚翰垣

賴盤分注說

宋賴太素深明天學者也所著催官篇發明氣脈之義細

如毫髮最足禆形勢家點穴之妙用于刻度關煞宿度發

前人所未發其祀空亡差錯也誠易知而簡能所製羅盤、

集理氣之大成歷數百年而不敝明代董德彰等莫不遵

而用之迄今可考也羅盤是其遺製雖有大小之不同要
以十八層者爲至當間有增至數十層者混雜淪亂反失
盧山眞面目無濟于實用轉足以惑人之聰明而市本所
謂羅經解者數種率皆眞僞互收彼此聚訟不歸畫一誠
足令閱者昏昏欲睡終身習之而莫得端緒宜世之學者
懶于尋繹因而假蔣公三元之說造爲無稽之談荼毒世
吐大言欺人乃痛詆賴盤之爲不足徵也予乃圖之于左
注之于後刪繁就簡一見卽知俾初學易于玩索因以知
先賢正道之不可廢其已見于前卷者闕焉

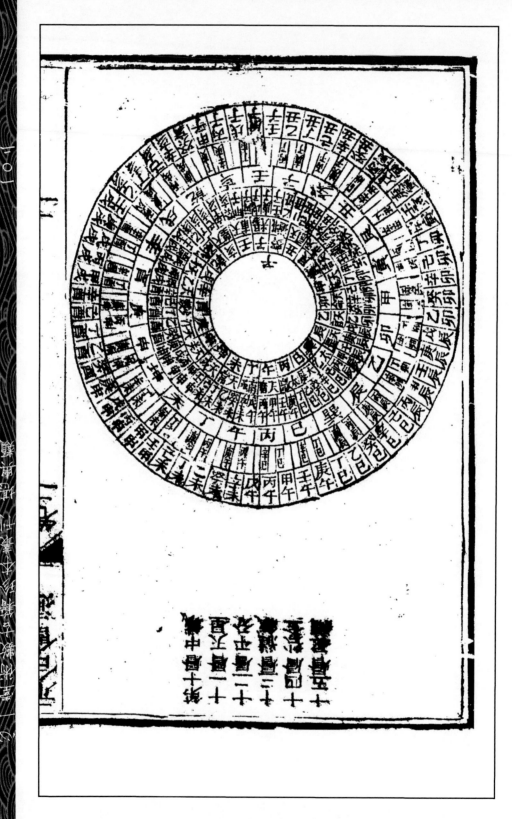

第二層後天八卦

先天止有卦象、無方位後天則合八方之定位古人以後天之方位推先天之理氣者先天是體後天是用故羅經作用皆從後天以後天卦陰陽中分五行順序故也中分者東北陽方列乾坎艮震四男卦西南陰方列巽離坤兌四女卦順序者震巽木生離火離火生坤土坤土生乾兌金乾兌金生坎水坎水不能自生木必藉土以生之故水潤艮土艮土生震巽之木。

第三層八殺

訣云。坎龍坤兔震山猴。巽雞乾馬兌蛇頭。艮虎離豬為殺

曜墓宅逢之立便休此八卦官鬼爻也如乾卦四爻午火

為官鬼故乾以午為殺曜坤卦三爻卯木為官鬼故坤以

卯為殺曜之類凡來龍坐山皆忌見此水來若不能避即

當依水立向如乾龍見午水作午向亦可化殺為權若遇

陽殺立陰向陰殺立陽向混雜破局為禍更烈入卦中惟

坎有辰戌二鬼爻是坎殺彙辰戌也。

第四層黃泉

訣云。庚丁坤上是黃泉。乙丙須妨巽水先甲癸向中憂見

艮辛壬水路怕當乾此八干之坐山墓殺也乙丙向坐山
辛壬同墓于辰故巽爲黃泉甲癸向坐山庚丁同墓于丑
故艮爲黃泉辛壬向坐山乙丙同墓于戌故乾爲黃泉庚
丁向坐山甲癸同墓于未故坤爲黃泉從向上起實從坐
山起也傳曰不及黃泉無相見也以墓殺爲黃泉取名近
是黃泉之方動則生凶忌來水與門路玉尺經云八殺黃
泉雖云惡曜若在生方例難同斷生方者來脈來水之方
也慈溪蔣氏宅龍從坤方來坐癸向丁坤水倒左去辰巽
目講禪師從白虎頭開坤門收來龍進氣大旺三百年科

甲明末改丁向門路堂水傾瀉兩進士罷官又拔救貧黃

泉歌云辛入乾宮百萬莊癸歸艮位發文章乙向巽流淸

富貴丁坤終是萬斯箱庚向水朝流八坤管敎此地出賢

英丙向水朝流犬巽兒孫世代爲官定甲向水朝入艮流

管敎此地出公侯壬向水朝流入乾兒孫金榜姓名傳吳

與沈亮功調癸乙丁辛向以艮巽坤乾爲沐浴方出水爲

吉甲丙庚壬向以艮巽坤乾爲官祿方來水爲吉不知上

四句是完竊司馬頭陀順連珠水法言辛向庚水倒右入

乾癸向壬水倒右入艮乙向甲水倒右入巽丁向丙水倒

右入坤後八句纂司馬頭陀逆連珠水法而再詞訓逆連

珠訣云甲乙艮兼丙丁巽庚辛坤與壬癸乾此爲順逆連

珠水格合連珠爛了錢言甲向乙水朝倒左去艮丙向丁

水朝倒左去巽庚向辛水朝倒左入坤壬向癸水朝倒左

入乾是青囊經小神入中神中神入大神法也經云奇貴

名滿天下乙辛丁癸是小神甲庚丙壬號中神乾坤艮巽

連珠並祿馬三合貪狼貴無價小神流短大神長富貴

名大神司馬公發明其義謂水喜去干維忌放地支總以

乙辛丁癸甲庚壬丙立向以乾坤艮巽去水俱係三合生

旺衰向收水法與黃泉無涉諏吉彙纂所載黃泉辨甚屬

無見不可遵

　第五層九星

九星從天定卦坤宮對宮起貪狼而出其獨取坤卦者坤

為地也故曰地母卦坤對宮為艮故艮為巨

門次乾為祿存次離為文曲次震為廉貞次兌為武曲次

坎為破軍至坤本卦為輔星也用法有二、一以察來龍之

吉秀以取坐山之用以貪巨武為三吉端艮巽兌三卦三

卦又納丙辛丁合艮巽兌為六秀加震庚為八貴變加巳

丑亥未為十二吉山坤乙龍以坐此十二吉山立陽向為

吉一以驗開穴之土邑歌曰九星一盤占土邑法從峽上

定來情峽如是輔穴土紫武白廉紅黃巨門如峽上是震

庚亥未脈得紅土卽止巽辛脈見黃土卽止餘倣此

第六層正鍼二十四位

後天八卦排列八方四正輔以八干如甲乙輔震丙丁輔

離庚辛輔兌壬癸輔坎四隅輔以八支如丑寅輔艮辰巳

輔巽未申輔坤戌亥輔乾分列而成二十四位是為地盤

古人用正鍼配龍立向謂之收山用中鍼向消砂用縫鍼

向納水厲伯韶詩先將子午定山岡再把中鍼來較量更
加三七與二八莫與時師說短長子午言正鍼也其陰陽
本先天卦氣先天方位合洛書九宮卦氣乾南得書之九。
坤北得書之一離東得書之三坎西得書之七陽屬奇故
四卦皆陽。震東北得書之八兌東南得書之四巽西南得
書之二艮西北得書之六陰屬偶故四卦皆陰。干支納于
八卦乾納甲坤納乙離納壬寅戌坎納癸申辰艮納丙巽
納辛震納庚亥未兌納丁巳丑納于陽卦屬陽納于陰卦
屬陰格龍宜陰陽純淨立向則陰龍宜陰向陽龍宜陽向

納水則陰龍陰向宜陰水往來陽龍陽向宜陽水往來但

其中龍與水不能無駁妙用在人惟乘氣立向必不可雜

如乘陰氣立陰向乘陽氣立陽向或陰龍多而入首陽則

當舍陽而立陰向以收陰或陽龍多而入首陰則當舍陰

而立陽向以收陽或局止有陰向又宜乘陰氣以配之止

有陽向則宜乘陽氣以配之

地盤二十四位上應天時二十四氣如立春生氣臨艮雨

水臨寅驚蟄臨甲春分臨卯清明臨乙穀雨臨辰立夏臨

巽小滿臨巳芒種臨丙夏至臨午小暑丁大暑未立秋坤

處暑申白露庚秋分酉寒露辛霜降戌立冬乾小雪亥大

雪壬冬至子小寒癸大寒丑選擇家宜按節推候以驗天

之生氣也。

第十層中鍼二十四位

中鍼二十四山賴太素所設以明盈縮六十龍者也盈縮

甲子起于正鍼之亥未從天極也淺者疑之公作催官篇

發明天星之秘故作此盤蓋天星以天皇大帝一星為主

宰此星在勾陳口中紫微帝星正照午位則天皇在乾亥

之間故此盤以亥居乾亥之明以壬居亥壬之間以子居

壬子之間悉前半位上應天星正對而不偏倚青囊云北

極斜居壬亥之間是也蓋天極之子午與浮鍼之子午差

半位而不對浮鍼之子午曰正鍼地也北極之子午曰中

鍼天也其名中鍼者以此盤之子午正指正鍼丙午之中

也中鍼一設而天星之位各得其正而盈縮甲子起子正

鍼亥未者是天極之壬中無可疑矣天體左旋五行順布

故背北面南以言氣則西爲先而東爲後天氣先至地氣

後至地理龍氣爲先穴間爲後故用先至之氣辨龍後至

之氣坐穴分金以符天地之氣此三鍼三盤之用也然此
以氣言。無形可見抑知仰觀北極斜居西北測臬而日景
倚于西南中縫兩鍼非憑虛無據而設者蓋有理斯有氣
有氣斯有象也經盤秘妙邱公得之太乙老人有正鍼一
鍼有盈縮穿山分金三盤穿山從正鍼人所其知丒金子
偏東北午偏西南故楊公加入縫鍼所以明分金之位況
正鍼明用八卦暗藏地支惟加入縫鍼而後地支之用始
著盈縮子偏西北午偏東南救顏公加入中鍼所以明盈
縮之位也三鍼有理有象中最先主天星以辨龍正次之

主八卦陰陽以定向縫又次之主地支生旺以消納水厨
盈縮從天星起甲子于正鍼之亥未五子正當中鍼之子
位中鍼之用也穿山從八卦起子于正鍼之壬中五子正
當正鍼之子位正鍼之用也分金從地支起甲子于正鍼
之子初十子正當縫鍼之子位縫鍼之用也盈縮名天親
為辨龍之細法穿山名地紀為坐穴之細法分金為立向
之細法厯公所謂再把中鍼來較量者如正鍼亥龍入首
左邊多係中鍼之亥乃天地二盤俱亥大吉若右落多則
係中鍼之壬非天星正氣矣行山小盤不便設盈縮龍當

設此盤代之羅經會要謂梟所測較浮鍼而偏丙不知梟
影之位偏丁。與縫鍼合。又各省多不同。非中鍼所向也。且
直以縫鍼爲天紀正鍼爲地紀杜撰無識不可從。

第十一層天星

天星者從青囊天官篇出賴公配成二十四星以加子盤
者也青囊云天光下臨地德上載精義云地無精氣以星
光爲精氣故以天星占龍脈貴賤也天星以四垣爲最貴
紫微垣臨亥。四輔照壬天市垣臨艮少微垣臨兌旁照庚
太微垣臨丙巳旁照巽此最貴之星也至若天屛在巳號

明堂陰樞映丙名天貴南極臨丁主壽考天乙居辛司交
章參旅值庚以宣威騎官當震而主武仙墾每鍾天市宰
輔多出離壬將帥邊臣產戌辰神壇佛剎估井鬼叉太陽
在午諸凶不敢臨此皆上應星氣而然也賴公催官篇各
山巽名如乾爲陽璇北極天廄亢陽亥爲天皇天門紫微
王爲天輔陰權子爲陽光太陰月癸爲陰光瑤光北道丑
爲天厨金牛民爲天市陽樞寅爲天梏甲爲陰璇天苑卯
爲陽衛廉貞阿香扶桑天命乙爲天官辰爲罡亢金巽爲
陽璇太乙更點巳爲天屛壽蛇赤蛇丙爲陰樞太微天貴

午爲陽樞天廣太陽遊魂日丁爲南極未爲鬼九陰天常

羊坤爲陰二元戈元峰天鉞地母申爲天關庚爲天漢酉

爲少微陽闔金雞陽闢辛爲陰璇天乙戌爲皷盆婁魁又

坎爲背一離爲炎精面九四維爲四神丙午丁爲三火巽

丙丁爲三陽八干爲八將辰戌丑未爲四金白虎爲西獸

又走馬六壬辰爲天罡巳爲太乙午爲勝光未爲小吉申

爲傳送酉爲從魁戌爲河魁亥爲登明子爲神后丑爲大

吉寅爲功曹卯爲太冲又十二次舍子爲元枵爲寶瓶丑

爲星紀爲磨羯寅爲析木爲白羊卯爲大火爲天羝辰爲

壽星為天枰巳為鶉尾為金牛午為鶉火為獅子未為鶉

首為巨蠍申為實沈為陰陽酉為大梁為雙女戌為降婁

為人馬亥為娵訾為雙魚先賢鈙記隨便取用

第十二層平分六十龍

平分六十龍蔡西山朱文公所定用甲丙戊庚壬乙辛

丁癸于地支各排五位又名順排六十分金俾選擇者可

以推測某月某節喉大陽輪臨某山方氣貫平分某龍也

起甲子于中鍼之壬中平分周佈以明氣喉一日不增多

一日不減少也其下各帶一卦甲子起比丙子剎戊于復

復卦正當子中其序卦之次即邵子先天六十四卦圓圖

去乾坤坎離四正卦此卦作用專論九六冲和凡坐穴之

卦其外卦得震艮巽兌者曰冲和得乾坤坎離者曰不冲

和如此卦外卦是坎為不冲和剝卦外卦是艮曰冲和廖

金精云得金不得卦漫自說空話得卦不得金枉自去勞

心金卦兩得方為全義時師謂此盤甲子較七十二穿山

而不缺較六十透地而整齊較百二十分金而中正以之

格龍曰胎骨不知欠缺不齊天地之奇此盤板死非邱楊

之傳也如天不三百而三百六十五度四分度之一大衍

之數五十其用四十有九可知天地之道非奇零則不神
也邵子曰陽生于子極于午陰生于午極于子在一歲則
冬夏二至而陰陽生在一月則朔望二日而陰陽生在一
日則子午二時而陰陽生又曰在地言時在天言氣因物
以知時因時以驗氣天氣降臨萬物應之而滋生故凡驗
氣候當知審太陽蓋氣候有或先或後之不齊必待太陽
交度過宮時驗之乃定也其過宮在地紀八千四維之正
中卽七十二穿山之空位猶太陽驛傳之行宮也正鍼乃
地氣中鍼爲天氣從中鍼壬末子初起冬至子末癸初起

小寒癸末丑初起大寒自冬至一陽始生于壬末至丙初

芒種而六陽之氣已極而陰生又從丙末午初起夏至午

末丁初起小暑丁末未初起大暑自夏至一陰始生于丙

末至壬初大雪而六陰之氣已極而陽生正鍼之壬丙乃

中鍼壬子丙午之間陰陽二氣交接之所中鍼夭受來龍

天氣各按七十二睺貫注平分六十龍凡得真龍正穴必

候天時生氣降臨正值龍穴分金坐度中得受二氣交感

調天地合其德擇吉安扞合法則發福響應矣

第十三層縫鍼二十四位

縫鍼二十四山者中分一支而成雙山者也如子支一位

中設壬子二山以干從支二十四山雙雙起于母公孫同

一位也。楊公以五行生旺起于正鍼雖有大小元空天星

卦例必竟有兼前跨後之弊故設此盤專爲占水之生旺

墓絶以立向與格龍之星氣貴賤立向之陰陽純雜無涉

也法從寅申巳亥四生位起雙山三合而會一氣如乾亥

同宮甲卯同宮丁未同宮是亥卯未乾甲丁三合生旺墓

而會成木局艮寅同宮辛戌同宮是寅午戌艮丙辛三合

生旺墓而會成火局巽巳同宮庚酉同宮癸丑同宮是巳

酉丑巽庚癸三合生旺墓而會成金局坤申同宮壬子同
宮乙辰同宮是申子辰坤壬乙三合生旺墓而會成水局
惟土無定位旺于四墓而附于水氣也正五行爲五行之
質雙山五行乃五行之氣故推向水之生旺用雙山不用
正五行也其子午先正鍼半位者水爲天氣天氣先至地
氣後至耳書曰形成于地氣行自天地之氣卽天之氣然
氣行于天次及于地次及于人如子月一陽生至巳月而
六陽足天氣此時已大熱而地與人未甚也地自丑月一
陽生至午月而六陽足而八未甚也人自寅月一陽生至

末月而六陽足而人始大熱古八云天開于子地闢于丑

人生于寅雖元會運世之說而一歲之中寒燠莫不皆然

可見天地本一氣而漸及有先後耳

第十四層縫鍼外分金

縫鍼百二十分金古以之望雲氣而占豐歉觀星象以卜

灾祥及水旱冦賊雨雪蟲荒等事所應何方何年如泰山

角八度癸卯金會稽斗一度丁丑金武昌軫二度戊辰金

長沙軫十二度壬辰金宋何潛室特收入用葉九升調為

分金之細法如正鍼子山庚子分金左一分是縫鍼丙子

分金俱旺相若庚子右一分分金下是縫鍼甲子分金上

旺相而下孤虛則犯小空亡矣

地理元合會通卷之三

益陽姚諄敉卹丞譔　　　　胡之杰曙覃

甯鄉　楊　堃方城　　安業曹廣淵治生校

江　淸學臣　栞　　　　男育楩立之

立向總說

地理之學巒頭主龍穴選擇主坐山理氣則主向蓋穴埋
於地向朝於空空卽天也有定而無定者也山屬民爲少
男澤屬兌爲少女男女之情自相綣戀得其向則婚媾成
而一氣相通失其向則讒謗生而兩情暌隔向者山水之

媒妁也立向之法以配龍乘氣納水消砂為要青囊天玉

諸書詳言水局則三合三元盡之矣然而龍不真穴不確

雖砂水合元合遷終歸殄滅卽龍真穴確而脈氣不滿于

里好山殊為空設浮梁真武仗劍形地穴星金水前吐長

舌竆木鍬皮取倚穴葬劍櫊亥龍左落入手其右穴受乾

氣明堂案對皆正不發李德鴻挨左乘辛亥正氣扦丙向

發四神童三學士二侯五侍郎一食邑科第自宋迄明未

艾藥平王字脈地高金結穴中垂孔旁開兩肩明堂凝聚

旗鼓劍印咸備庚脈宜扦卯向但候頭案不正劉氏扦作

乙辰貪案正也廖金精見之嘆云軍山帳中王守郡顛武

大座勢奇雄我做產王扶聖主他做出冠也不終後生溪

酒兄弟八八事陳友諒封萬戶侯不克終受脈乘氣有差

思尺之間侯虜有隙賴公首言天星剖析氣脈細入毫芒

誠足補醫頭家認龍扦穴之所不及立向者斷不可不秦

之為圭臬至配龍消砂納水則宜合蔣盤參而用之庶可

以獲速效爰分列四者于後為學者洗眉刷目焉

立向掛線訣

靈城精義云入首入手則龍與脈之由辨分金分經則來

與坐之由分大首者主星之脈八手者貴穴之脈氣也、分

金者百二十甲子分經者三百六十宿度也來者入穴之

脈氣如亥脈入穴當乘丁亥辛亥之旺相避己亥乙亥癸

亥之孤虛此分金之用也坐者坐下之山固宜用分金之

旺相而一金之下又有三度當細辨其度之吉凶孌先用

目力揣清穴場內外暈氣真砂真水之所在因于後龍結

咽處格定來脈于穴星降脈處格定穴脈以中鍼合正鍼

看其是陰是陽于明堂中用縫鍼格定水局倒左倒右又、

立穴場用中鍼格左右前後高砂是何方位逼三盤打算

或立陰向或立陽向總以穴脈為主砂水交之乃于金井
後頭過元女尺六尺四寸覆掌脈上下盤面對來脈掛起
氣線氣線既定乃掛坐線坐線可以推移氣線則不可有
差以入首貫穴之氣天生已定不可改移者也坐線既定
乃掛雜氣線如正鍼艮脈入手得透地庚寅于庚寅上掛
氣線庚寅納音屬木若作庚向則掛穿山甲寅一線以為
坐線甲寅屬水以生透地庚寅木氣至于氣線坐線交界
之所便為右耳乘氣之所而寅上氣即為雜氣遂于寅上
掛雜氣線如有寅氣冲入便當趨避脈急則退下一分以

避寅氣脈緩則進上一分以抵寅氣則艮之眞氣入棺而

無雜矣又如艮脈入手得透地戊寅納音與艮皆屬土坐

下自旺無待補助若得透地丙寅納音屬火火生艮土反

為洩則失之弱宜用分金生養穴若作庚向宜作丙分金

之庚寅木生丙寅火為旺于穿山坐丁卯火于度坐心五

度刻度屬水度尅穴為財又坐度須尅來水之度不令來

水之度尅坐度乃為全吉

配龍立向訣

青囊云陰陽相見福祿永貞。陰陽相乘禍咎滅門。陰陽相

見者、陰龍見陰向陽龍見陽向也陰陽相乘者陰龍陽向
陽龍陰向也先賢更取天星納甲卦氣三合貴八五者淨
陰淨陽陽數奇陰數偶以奇配奇而得偶如一配九而成
十是也以偶配偶而亦得偶如二配六而成八是也天星
者如亥為天皇立丙向坐四輔而朝太微皆貴秀之氣也
納甲者震庚亥未龍立震庚亥未向為干卦自配是也配
卦者如震長男巽長女為正配震庚亥未龍立巽辛向是
也三合者如坤申壬子乙辰龍立坤申壬子乙辰向為三
方互相配是也十二支龍可直龍直向但穴宜閃歸一邊

不宜頂龍直下向與龍一而龍氣仍從耳入不致氣冲腦

散犯雙金殺也催官篇喜立干維向不作三合地支向調

干維氣清地支殺重然地支向力大其蟬綿遠總計二十

四龍推之一龍得數向以為用者取証焉亥龍之向在巽

丙丁而卯巳亥之壬子癸龍之向在坤乙午而申亥之丑

龍之向在巽丙丁而未庚酉亥之艮龍之向在巽丙丁庚

酉辛而未亥之寅龍之向在坤申而午亥之甲龍之向在

乾坤卯龍之向在庚辛而丁亥亥之乙龍之向在乾坤而

申子壬亥之辰龍之向在乾坤而戌壬亥之巽龍之向在

辛亥艮而庚次之巳龍之向在亥而庚酉辛艮亥之丙龍
之向在辛亥艮午龍之向在壬癸甲丁龍之向在艮亥而
卯酉辛次之未龍之向在艮亥而丑卯次之坤龍之向在
壬子癸而乾甲乙寅次之申龍之向在甲癸而子寅乙次
之庚龍之向在卯艮而巽巳丑亥之酉龍之向在艮卯巽
丁辛龍之向在艮卯巽而巳丙次之戌乾之向在甲乙而
辰次之此賴公催官篇反諸賢所定也偏堂局不合則取
陰陽純淨而已若八殺如坎龍辰戌向坤龍卯向震龍申
向巽龍酉向乾龍午向兌龍巳向艮龍寅向午龍亥向此

斷不可者也。又九惡向、如覓龍巳丙午向、卯龍坤甲酉向、

民龍午坤向亥龍午向離龍乾向壬子癸龍巳向禍亦不、

覓平洋多作倒騎龍穴巽丙午丁庚酉辛卯皆可本龍本

向至平洋取龍之法入首高起緊細者以二十四山定龍、

平坦而有短浜收束者則從浜頭弔二十四氣到亥闊大

者以八局定卦則依八卦立向專用三元之法可也至于

移龍換向旋乾轉坤運用之妙更有在乎一心者。

乘氣立向訣

古人于穴中作用不曰乘龍而必曰乘氣者妙哉其言之

地蓋言龍則有定言氣則無定氣猶水也決諸東則東決
諸西則西一龍之上左右挨移氣便不同如西北一乳入
首從中格之則乾氣也移步過東格之則變爲戌移步過
西格之又變爲亥活潑潑地聽人去乘乾便是乾乘戌
便是戌只要乘得他來即爲貫穴之氣此中妙用寶參造
化之權故有截偽乘眞之法如辛龍入首後龍節節係西
兌陰龍但辛脈歪乳至入手忽右落變戌是辛眞而戌偽
也宜提高點穴上乘眞辛下截偽戌蓋陰爲眞陽爲偽也
有放偽挾眞之法如辛戌並行入首後龍陰多面前砂水

收于陰向則宜放倒戌氣扶起辛氣乘辛氣入右耳立乾
山巽向以配辛若後龍陽多面前砂水收于陽向則宜放
倒辛氣扶起戌氣乘戌氣入左耳立辛山乙向能扶起眞
氣則發福悠久有移龍就向之法如寅甲龍入首水法堂
局在正西止有庚酉辛三向可立龍陽向陰必難相配法
當舍法寅甲斜乘卯氣入穴使其純陰不雜也有內外兩
向之法入首龍氣不可移換堂局水向不能配龍乃立內
向以收山立外向以收局如子龍入首右水倒左堂局在
巳不可立午陽向於是欲移龍就向則壬子癸一片陽氣

不可移欲以午向配龍則明堂水城不成局只得仍立午

向以配龍氣外立巳向以收水局此處兩難之微權也有

脫龍就局之法落脈散濶糢糊欲移龍則認龍不真欲兩

向而山砂殺曜相逼只得舍難就之龍而從有據之局如

來欲立辰向而辰又爲坎之八殺當於本龍之上尖砂冲

子龍入首堂局在巳右水倒左欲立午向則午上尖砂冲

向以收堂局亦可言數十年之利也有移龍攝向之法如

一龍入手可辛可戌面前左水倒右若乘戌而立乙辰向

則龍賤而僅發丁財必乘辛而立卯向乃龍貴而發俊秀

若乘戌而反扦卯向乘辛而反扦乙辰向則發凶㖿矣脈

氣又有眞行僞落僞行眞落之別眞行僞落者後龍節節

是陰而到頭一節是陽就陽扦穴、而立陰向主初年不發

待剡龍合向而始福謂之借局穴僞行眞落者後龍節節

是陽而到頭一節是陰就陰立穴而扦陰向主初年,發福

至行到後龍則龍向不合矣謂之速達穴

賴公催官篇乘氣訣

天皇評穴 亥龍

催官第一天輔壬穴天皇亥氣從右耳接穴宜挨左微加

乾天皇氣貫穴無泄四神八將俱朝迎紫綬金章在前列

此左落亥龍也若作巳向恐氣冲腦散須面對亥脈將

棺微挨左加乾立丙向則令棺中右耳乘亥氣而乾氣

射入棺外為吉若挨右加壬則乾氣斜入右耳而真偏

雜矣左右二落當妨僞氣射入之病中落易收立二圖

為式　左落之左挨左之左就面對亥脈者言右耳之

右就棺中言　天星以四垣為最貴紫微垣臨亥為中

宮為北極天皇大帝之所居故賴公評龍穴俱以亥第

一

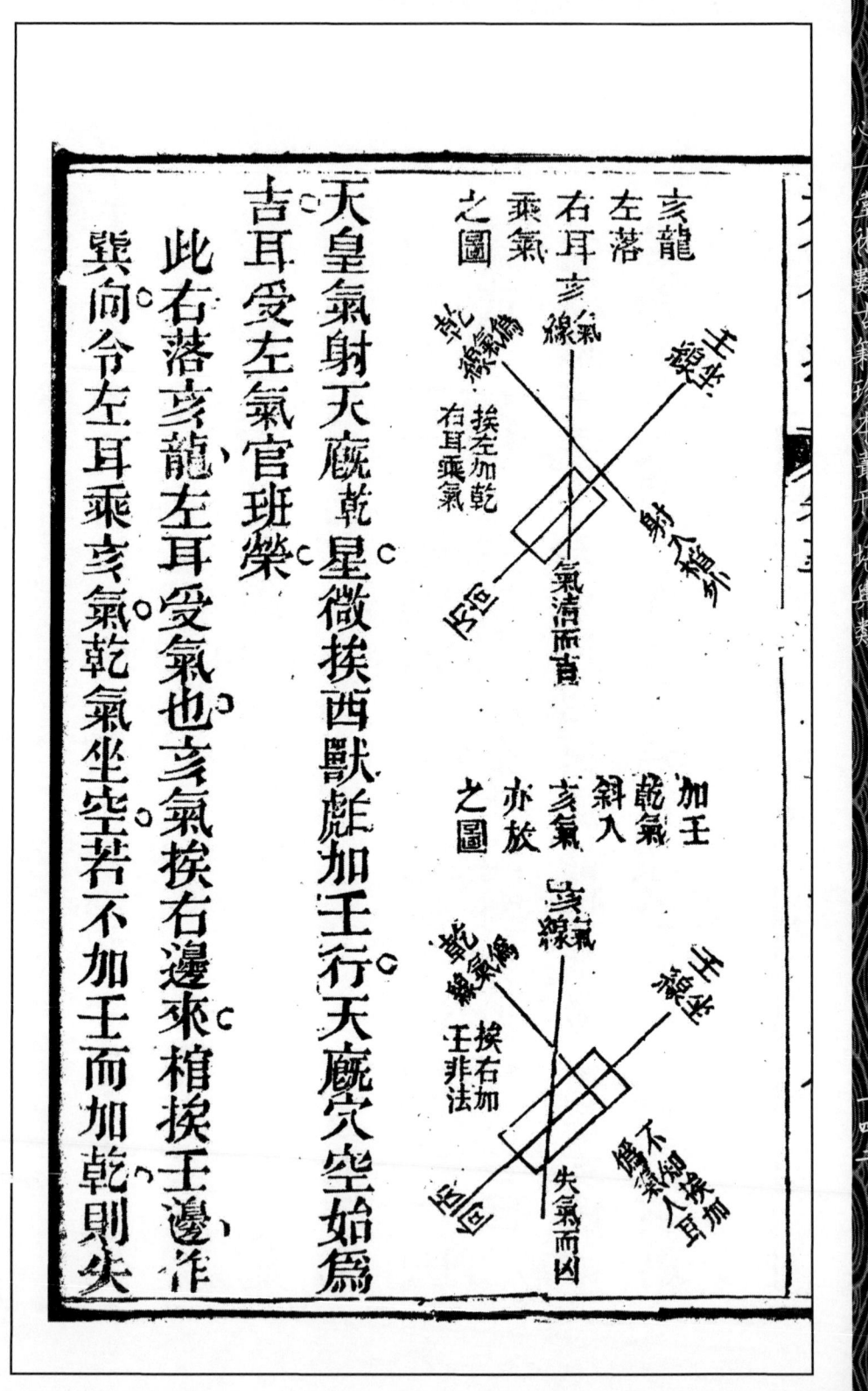

亥龍
左落
右耳亥氣
乘氣亥氣線
之圖

天皇氣射天廄乾星微挨西獸艇加壬行天廄穴空始為

吉耳受左氣官班榮

此右落亥龍左耳受氣也亥氣挨右邊來棺挨壬邊作

巽向令左耳乘亥氣乾氣坐空若不加壬而加乾則夭

眞氣入偏氣大圖

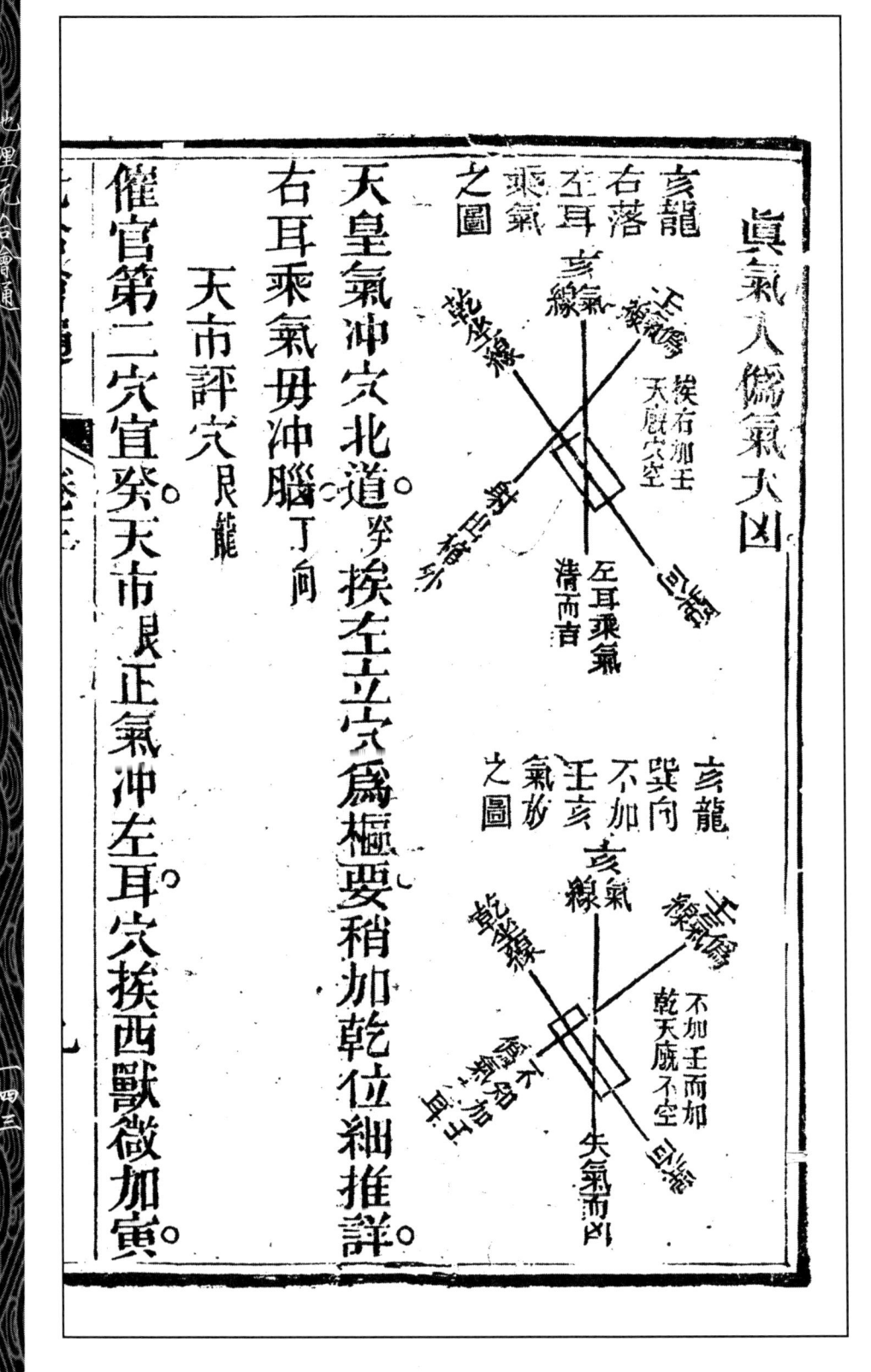

之圖
乘氣
左耳
壬耳
右落
亥龍

壬参
挨右加壬
天廄穴空
乾参氣線
亥線
亥氣
艮線
左耳乘氣清而吉
巽向

之圖
亥龍
巽向
不加
壬亥
氣傷
亥線
亥氣
壬参
乾参氣線
不加壬而加
乾天廄不空
艮線
失氣而凶

天皇氣沖穴北道。挨左立穴爲樞要稍加乾位細推詳。

右耳乘氣毋沖腦丁向

天市評穴艮龍

催官第二穴宜癸天市艮正氣沖左耳穴挨西獸微加寅。

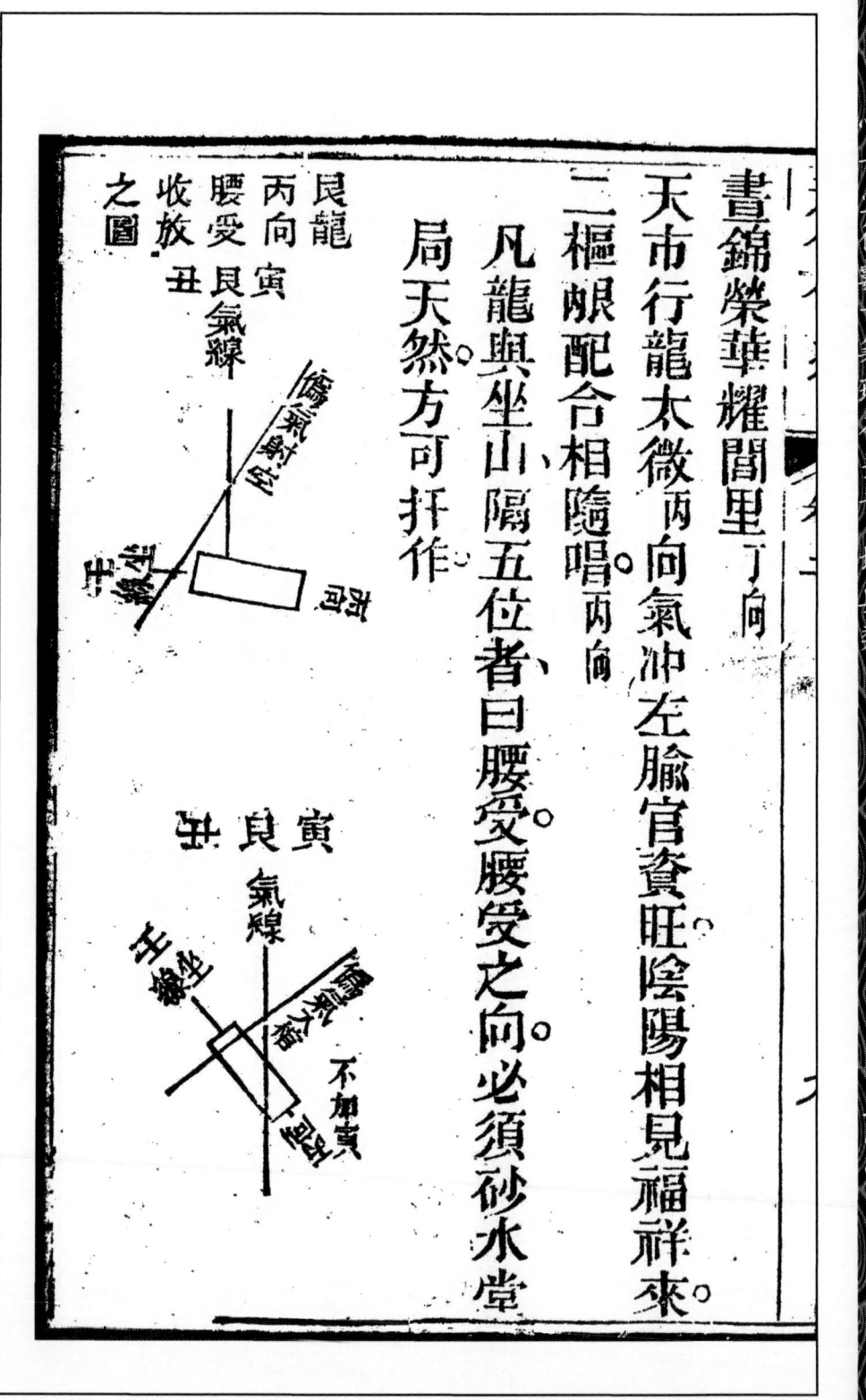

書錦榮華耀閭里丁向

天市行龍太微丙向氣冲左腦官資旺陰陽相見福祥來。

二樞䫨配合相隨唱丙向。

凡龍與坐山隔五位者、曰腰受腰受之向必須砂水堂
局天然方可扦作。

艮龍
丙向寅
腰受艮氣線
收放丑
之圖

傷氣對坐

陽

坐氣傷

寅
艮
氣線

壬線坐

不加寅

壬癸肯一面九離河洛理數無相違四垣四獸各正位五

氣順逆相憑依

此贊坐北朝南之妙也艮八屬木坎一屬水離九屬金

向生坐坐生龍不相違也四垣者紫微垣在北太微在

南天市在東少微在西四獸者青龍白虎朱雀玄武也

各正位者面南坐北則各得其本位也

天市迢迢穴陰璣甲氣冲右耳無逶迤天廚丑微加穴粘

左富貴文武官崇巍庚向

陽樞穴坐天官乙星右腰乘氣多榮名若得陰璇辛山秀

起含書籤史稱明經上辛向

陽樞民為龍西向兌右耳乘氣最為貴穴宜挨左加廚星。

丑閬閬榮華定無艾酉向

天市行龍向陽璇巽氣冲左臁逼微元屋潤家肥積金帛。

只恐天折虧天年巽向

陰璇評穴辛龍

催官第三穴天廐乾天乙行龍右耳受挨左立穴加少微。

酉中男及第紆紫綬巽向

陰璇穴西向東震陰璇氣從左耳進微侵婁位勿加多巡

警小官亦英俊（卯向）

陰璇辛宍向天市垣氣從左腦推其源玉堂金馬無分到

儒官俊雅多田園（艮向）

陽璇評穴（巽龍）

催官第四宍宜乙陽璇巽左耳氣冲入天官乙借必加責

蛇禁關宸宮須夜直（辛向）

太乙（巽）行龍天屏巳宍右耳乘氣眞奇絕六金殺位勿加

多巨富小貴人英傑（亥向）

太乙行龍向陽樞（艮向）右履乘氣無羌殊砂奇水揖龍精異

詩禮富貴多金珠　艮向

陽衡評穴　卯龍

催官第五穴宜甲　陽衡卯　氣從左耳發穴挨西歉加天官

乙持節過疆掌生殺　庚向

阿香卯東來穴天官氣貫右耳屍靈安微加甲位少粘左

先文後武榮官班　辛向

天漢評穴　庚龍

催官第六向東震天漢庚氣從右耳進微加申位多榮名

富壓溶邦眾欽信　卯向

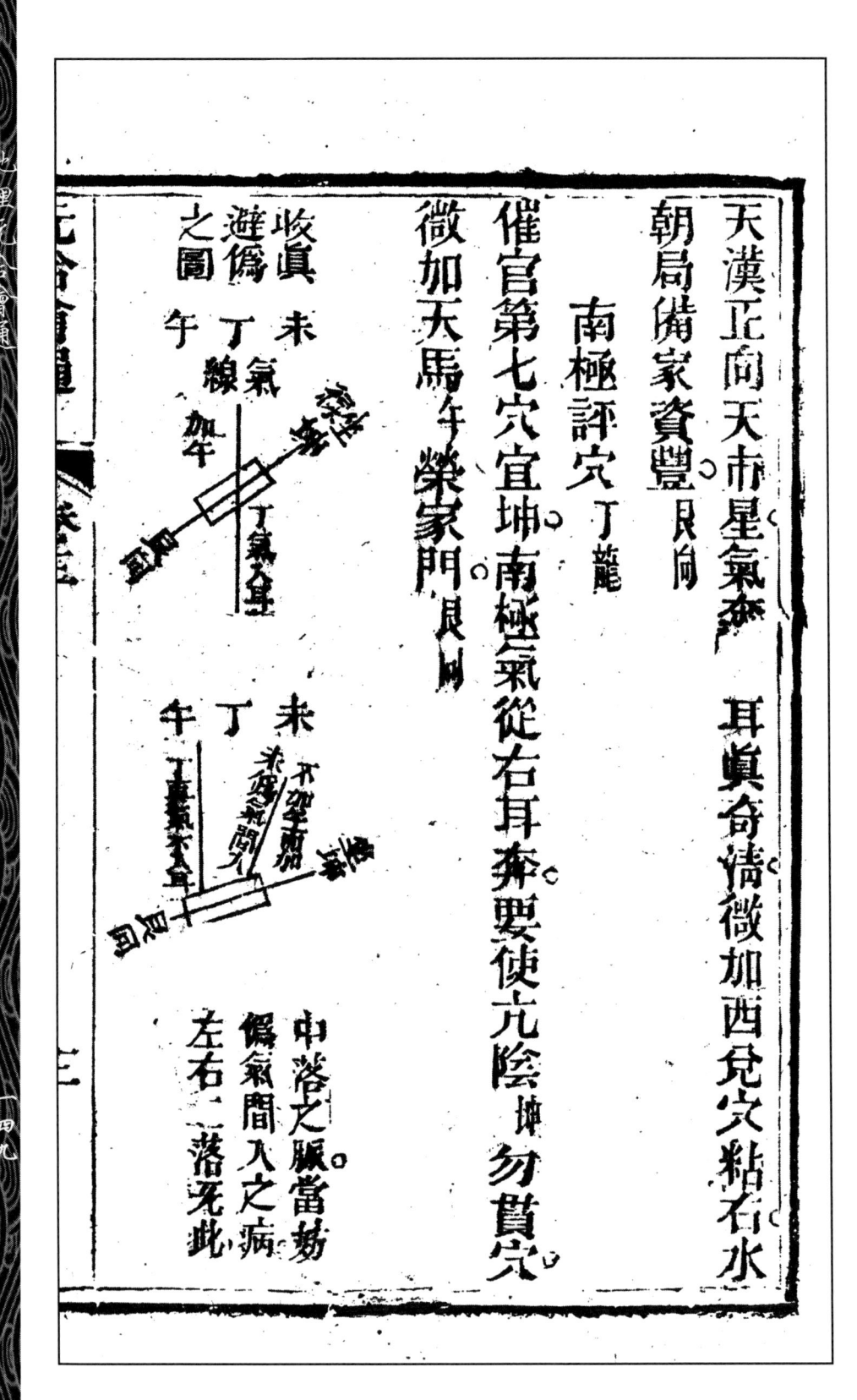

天漢正向天巿星氣本

朝局備家資豐 艮向

　南極評穴 丁龍

催官第七穴宜坤南極氣從右耳奔要使穴陰 坤勿貫穴

微加天馬午 榮家門 艮川

其真奇淸微加西兌穴粘右水

收真 未 氣 避偽 丁 線 之圖 午 架

南極丁行龍天皇亥向氣冲左耳乃為上穴挨西獸微加

羊陽權午慎勿毫釐間亥同

太微評穴 丙龍

催官第八丙龍乙氣冲左臁英才出竎太微之龍穴粘巳

氣貴左耳富而巳亥同

太微丙行龍向陽樞艮右腰乘氣無差殊穴宜挨左加書

蛇巳亦主八旺家資富艮同

少微評穴 酉龍

催官第九兊山艮左耳氣冲無多秦異加天乙辛貴龍秦

亦主文章典州郡。艮向

金雞來向天門。亥啼氣冲右耳天罡。乾虛微加天漢水砂

朝少年一舉登科第。巽向

金雞啼向扶桑東氣冲腦散虧神功。庚辛受穴始為吉官。

職榮霸資財豐。卯向

直龍
直向
隔山
取氣
之圖

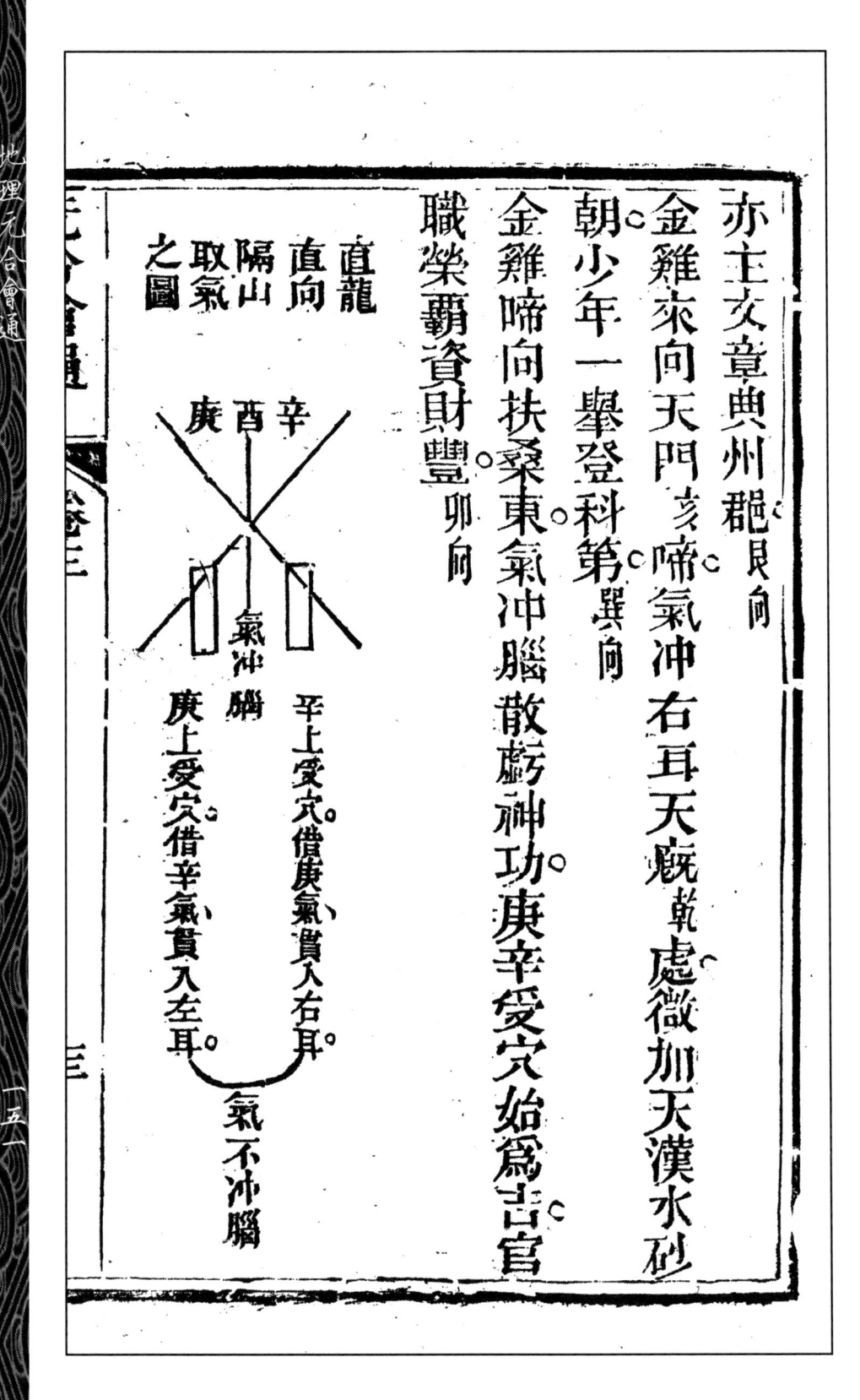

庚　酉　辛

氣冲腦

平上受穴借庚氣貫入右耳。

庚上受穴借辛氣貫入左耳。

氣不冲腦

少微正向宜配丁右腰受氣官職輕若轉天皇脈受穴右

耳受氣公侯生丁向。

　陽權評穴午龍

催官第十穴天貴、丙陽權午左氣從耳注微加南極局同

迴砂水合矩公侯至。王向

離山迢迢應日星丁穴右耳乘炎精。午微加天貴丙毫耀

位立見驟富官職榮。癸向

　天輔評穴壬龍

皆一而九乘天輔壬氣從右耳為合矩穴宜挨左加天皇

亥富貴榮華、振鄉土午向

壬山迢迢穴天市、艮天輔氣奔沖右腦穴左微侵半分亥

富貴聲名響里間、坤向

天輔穴向天官星氣從左脈通元靈穴宜挨右加陽光亦

主財富人英俊乙向

陽光評穴子龍

穴坎陽光子右耳運龍脈真俊生英雄切忌陽光氣沖腦

家資退落應如掃午向

陽光穴坐天市艮垣氣沖右耳乃為元穴宜挨左加天輔

王孕產六指多田園坤山向

陰光評穴癸龍

催官十三向元戈。坤陰光俊美右耳過挨左微加半分月

于富貴便見風流多。坤向

陰光穴坎向陽精午 左耳乘氣不爲輕穴宜挨右微侵生

出人英俊資財豐 午向

元戈評穴坤龍

丁穴迴環局周鎖元戈耳入氣冲左穴挨西貳移加申龍

脈精竒發如火。癸向

坎離亥極少生氣老陰不交龍不備水朝砂秀亦堪誇坤

癸離王納於是

陽璣評穴乾龍

亢陽無生甲從乾氣從腦入非天然陽局不奇必凶惡颿

寡絕嗣災害綿綿甲向

陽璣乾評穴來龍宜向乙迢迢左氣從耳入穴宜挨左微侵婁

戌水朝局備家豪實乙向宜挨行卅亥反挨左加戌者希一二分乘氣入穴此變法也

鼓盆評穴戌龍

戌山迢迢宜向乙鼓盆左氣弁其入龍行起伏向洋潮

巨富但恐人殘疾。乙向

鼓盆龍向天英甲　星行盤圍繞火非輕穴埃酉獸細消詳

水朝局備家貲豐。甲向

功曹評穴　寅龍

功曹坐艮向元戈甲申　左耳乘氣無偏頗微加用立局周全。

龍脈精奇發如火。坤向

功曹正向天關中　星龍脈穎異穴堪親砂水不備總凶惡。

寡母怪疾多生嗔入耳否則氣冲腦散。寅龍申向係南山直向且挨艮借甲氣

陰璇評穴　甲龍

陰璣穴巽向乾峰氣從右脈家興隆左右不交龍失度

鰥寡瘋疾動瘟風乾向

陰璣起伏龍向坤左耳乘氣福無窮穴宜粘左微加寅龍

奇局鎖方堪輿一二分卯氣入穴論詳辰申二龍下　甲龍坤向宜挨右加卯反挨左加寅者也

六金評穴　辰龍

六金穴巽向陽璣氣從右耳為合宜天官乙微用穴粘左

巨富但恐無期頤乾向

六金行度向元戈　坤　左臉乘氣方比和天官乙微加穴挨

左龍要精奇局要鎖　辰龍近巽坤向法宜挨右加巽反挨左龍正列加乙則帶巽氣而入進者

其正煞也此發加之變法山

天常評穴　未龍

未山起伏龍向艮天常，未氣冲右耳進穴挨左位帶丁來。

左道榮華人貴盛。艮向

天關評穴　申龍

天關申龍坐天漢星。氣從右耳須細尋微加天鉞 坤 輔龍

行水朝局鑽人財豐 甲向

申山局向瑤光癸宮 工耳乘氣力為重元戈 坤 微加穴居

左龍濟虎踞家資榮

中龍癸向法宜加艮兌今反加坤恐有細謀蓋申兌不如辰氣之烈以宜兼

赤蛇評穴 巳龍

赤蛇頭向天門亥。北。直來直向神功烈異丙受穴最爲良。

富貴榮華人英傑亥向。

天廚評穴 丑龍

金牛走向太微丙垣氣奔左耳龍脈旋陽柩見微加穴粘

右水朝局鎖多田園丙向

天廚龍向南極丁星左氣冲耳資財豐穴挨西獸加陽柩

艮富貴人欽左道靈丁向

元合會通

卷三

天官評穴乙龍

天官乙坤向穴天市艮氣奔左賦乃爲利穴金微加穴粘

右亦主富貴人招贅坤向

評穴總訣

氣從耳入官易期氣從腰膝官應運耳腰乘氣有多寡不

氣愼勿差毫釐

賴公之作催官也其精神在辨龍乘氣挨加立向大約

以艮丙巽辛兌丁爲六秀卯庚亥爲三吉故曰六秀行

度問震庚三吉愛穴文武崇亥山一丈能致富貴水一

勺能救貧又以五行辨行龍之凶吉如亥卯未木龍卯

方起祖轉亥入首爲旺趨生亥方起祖轉卯入首爲生

趨旺或亥卯方起祖轉艮寅爲生旺入臨官轉丁未爲

生旺入墓皆吉若亥卯方起祖落辰巳爲衰病落壬子

爲沐浴則爲凶專以起祖入首辨龍得合生旺官冠則

發福至行度中有陰陽夾雜之病亦不�1也乘氣則有

耳受者腰受者無鱗甲者如亥龍左隔山取者如酉龍

隂又耳受發速腰受發運遲爲細察其評砂以四維爲

主評水以六秀爲主辰水局巽峯爲臨官金局巽峯爲

長生斷其必出元魁然止可以佐課臨兆用至審局立
間遷當以青囊爲主勿爲所拘云

地理元合會通卷之四

益陽姚諱敦舸丞讚

寧鄉　楊　塾方城

江　　淸學臣菜

受業余　塾梓臣校

陳慕江金吾

男育材成之

納水立向訣

三元三合皆水法也龍與砂次之三元者元空挨星紫白之所出三合者雙山出焉申子辰水局也坤壬乙從之坤申壬子乙辰俱屬水寅午戌火局也艮丙辛從之艮寅丙午辛戌俱屬火巳酉丑金局也巽庚癸從之巽巳庚酉癸

五俱屬金、亥卯未木局也乾甲丁從之乾亥甲卯丁未俱

屬木是謂雙山五行凡山水之由左趨右者爲左旋爲順

行爲陽氣以甲丙庚壬四陽干主之由右倒左者爲右旋

爲逆行爲陰氣以乙辛丁癸四陰干主之如坤壬乙申子

辰六龍俱屬水左旋者爲壬右旋者爲癸壬則生申旺子

而墓辰癸則生卯旺亥而墓未生旺之方山水宜高而來

死墓之方山水宜低而去青囊所謂顚顚倒二十四山有

珠寶逆順行二十四山有火坑也推其生旺死絕而立向

以收之若得山高于旺相水敗于鬼方則爲珠寶否則爲

火坑山山皆有之亦在人能自擇耳而右旋之龍係乙木
之生氣宜生寅出戌之丙水為配乙與丙交此陰用陽朝
也左旋之龍係壬水之生氣宜生子出辰之辛水為配壬
與辛會此陽用陰應也左旋陽山必有右旋之陰水交之
右旋陰山必有左旋之陽水交之雌雄相配乃成胎結故
山與水同發源同入墓是謂結髮夫妻主幼年發越若丙
水不來于寅辛水不來于子是謂半途夫婦主遲暮乃榮
青囊所謂雌與雄陰陽交度合元空是也甲丙庚壬四陽
干生氣在丑死氣在右故在水倒右立卯午酉子四正向

收左邊生旺水上堂使之流右邊死絕方而去合後天正

局乙辛丁癸四陰干生氣在右死氣在左右水倒左立寅

申巳亥四維向收右邊生旺水上堂使之流左邊死絕方

而去合後天正局為旺向若右水倒左立寅局不在四維在

四正則又立卯午酉子四正向左水倒右堂局不在四正

在四維則又立寅申巳亥四維向謂之先天局為生向後

天者出世之生旺也由長生而沐浴而冠帶而官而旺而

衰而病而死而墓則完後天之局矣故立旺向收生水上

堂郭景純所謂朝于大旺也過旺以下衰病死墓皆可去

水皆記之歸庫所謂流于四謝也先天者腹內之生旺也

墓之左爲陽干絕位即陽干受氣之始墓之右爲陰干絕

位即陰干受氣之始絕處逢生故絕爲小長生而胎養

而長生而沐浴則完先天之局矣故立生而收絕胎養水

上堂出沐浴方而去水法以來水主財祿去本旺入丁四

墓者陰陽相交之地如乙陰丙陽交而逢戊交則生故旺

丁沐浴爲五行敗地陰陽亂交故亦旺丁其地屬文曲故

曰交口而水口不能限于一隅有可借則借之乙丙丙辛

辛壬壬乙丁庚庚癸癸甲甲丁同冠同墓同養同衰陰陽

相交可借其口而出如乙未旺向在寅而水倒右寅即為

丙生向水出卯為文口出辰則借辛庫出巳則借乙文辛

金旺向在申而水倒右申即為壬生向水出酉為文口出

戌則借乙庫出亥則借辛文丁火旺向在巳而水倒右巳

即為庚生向水出午為文口出未則借癸文庫出申則借丁

文癸水旺向在亥而水倒右亥即為甲生向水出子為文

口出丑則借丁庫出寅則借癸文蓋旺向則旺以下皆可

去水生向則生以下三方皆可去水三方以下則破旺矣

先天文秀後天主富二者兼全乃為大地至辰戌丑未為

四衰而水局可左可右可去其不曰墓向而曰衰向
者如火墓于戌向戌則坐辰水倒右則丙火生寅隔于辰
之右丙氣不得從左而流行而戌非丙墓辰之左則庚金
之生方故戌爲庚之衰向水倒左則乙木生午隔于辰之
左乙氣不得從右而流行而戌非乙墓辰之右乃癸水之
生方故戌爲癸之衰向寅申巳亥爲左旋之長生爲右旋
之帝旺子午卯酉爲左旋之帝旺爲右旋之長生爲右旋
爲八干之專氣若辰戌丑未乃八干之雜氣隱左右旋而
附于旺衰爲旺之餘故亦可向直指原中以衰向爲墓向

元合會通　卷四

所以見斥于前賢也凡定向必先認的的水口乃可裁向以

消納堂氣昔人云來源易知去口難識非葫蘆腰非犬牙

織血脈盡處乃爲眞的此要訣也約而言之局有七曰橫

水城朝水城織水城厄水城斜水城直水城後合水城向

有三曰生旺衰口有四曰庫口文口借庫口借文口歌月

水凡倒左作生圖倒右還將旺局求若遇旁朝生氣納正

朝知是旺神傳回龍前水如環後右反生收左旺收又歌

曰橫織斜皆生旺衰直流之向惟衰上冏朝後合止生旺

分而分之五百向作者熟精此訣活潑潑地于巒頭家點

穴之妙用有益無礙證之三元家靜則隨方而定之理無
不水乳交融若三元動則依數而行之法則隨時以取之
自無不吉而發福亦速便不以三合為本專以三元立向
則冲生破旺當元時或猶可無廉出元則凶不可支矣因
取水城之在南者立定局以為式于左以證三合三元元
不相背為初學隅反

　水城在南立向定局

　横水城午水倒右來寅柄在去戌兩庫立午向丙丁水多

　立丙丁向兩旺向元

横水城、午水倒左來酉繞去巳吃戈立午向、丙丁水多
立丙丁向、丁向上元生向
横水城、午水倒左來庚酉去乙辰蜂立午向上元生
横水城、午水倒左來庚酉去甲卯炳立午向上元生
朝水城、午水倒右合左來寅水去巽巳立午向上元生
朝水城、午水倒右合左來酉水去辛戌立午向上丙禍
朝水城、午水倒左合右來酉水去乙辰立午向上元生
朝水城、午水倒左合右來酉水去甲卯立午向上元生
朝水城、午水倒左合右來酉水去甲卯立午向上元生
織水城乃堂干水倒右去辛戌繞向前倒左去巽巳立午

向丙生生上元外

織水城內堂午水倒右去辛戌又繞到向前倒左去乙辰

立午向丙生旺上元外

織水城內堂午水倒右去辛戌又繞到向前倒左去甲卯

立午向乙丙生旺上元外

織水城內堂午水倒左去巽巳又繞到向前倒右去辛戌

立午向乙丙旺上生元外

織水城內堂午水倒左去乙辰又繞到向前倒右去辛戌

立午向丙內旺生上元外

織水城內堂午水倒左去甲卯又繞到向前倒右去辛戌

立午向丙旺乙上生元

回水城午水倒右去辛戌繞後去甲卯立午向上丙旺

回水城午水倒右去辛戌繞後去乙辰立午向上丙旺

回水城午水倒右去辛戌繞後去乙辰立午向上元旺

回水城午水倒左去巽巳繞後去巽巳立午向上丙旺

回水城午水倒左去巽巳繞後去辛戌立午向上元生

回水城午水倒左去乙辰繞後去辛戌立午向上元生

回水城午水倒左去甲卯繞後去辛戌立午向上元生

斜水去左來艮寅右來庚酉合流同去右角未坤方立午

斜水城右來庚酉左來艮寅合流同去左角巽巳方立午

向上乙生

○向丙元

後合城午水上堂倒右繞後合左水去乙卯立午向上丙旺

後合城午水上堂倒右繞後合左水去乙卯轉去辛戌六

後合城午水向左繞後合右水去戌立午向上乙生

後合城午水向右合左水去戌轉去卯立午向上丙旺

後合城午水向左繞後合右水去戌轉去甲卯立午

後合城午水上堂向左繞後合右水去戌轉去甲卯立午

午向上丙旺

向乙元

後水城午水向左、合右水去卯、轉去戌立午向上元、

以上諸局丙丁水多者宜立丙向丁向生旺元同、

橫水城未坤水上堂倒右來寅去戌輛立未向坤水多立

坤向陃元。

橫水城未坤水上堂倒左來子辛去辰辟立未向坤水多、

立坤向降禳。

織水城內堂未坤水倒右來寅去戌外堂倒左來子辛辰

立未向坤水多立坤向陃元

織水城內堂未坤水倒左來子去辰外堂倒右來寅去戌

立未向坤水多 立坤向丙衰兩元

斜水城未坤水上堂來艮寅去庚申立未向坤水多立坤
向下兩元衰

斜水城未坤水上堂來子癸去午丁立未向坤水多立绅
向下兩元衰

直流城右來壬子左來艮寅上堂去未坤立未向坤水多

立坤向辛衰下兩元

橫水城巽水倒左來庚申去癸丑立巽巳向钉卯元

橫水城巽水倒右來艮寅去丙午立巽巳向㢠旺

橫水城巽水倒右來艮寅去丁未繫立巽巳向庚元生

橫水城巽水倒右來艮寅去坤申立巽巳向㢠元生

朝水城巽水倒左合右來庚申水去丑立巽巳向㢠元旺

朝水城巽水倒右合左來艮寅水去午立巽巳向㢠元旺

朝水城巽水倒右合左來艮寅水去坤申立巽巳向㢠元生

朝水城巽水倒右合左來艮寅水去丁未立巽巳向庚元生

朝水城巽水倒右合左來艮寅水去丁未立巽巳向庚元生

織水城內堂巽水倒右去丙午繞向前倒左去癸丑立巽

巳向丙㢠旺中元

纖水城內堂巽水倒右去丁未繞向前倒左去癸丑立巽

巳向。丁丙旺生中元列

織水城內堂巽水倒右去坤申繞向前倒左去癸丑立巽

巳向。丁丙旺生中元外

織水城內堂巽水倒左去癸丑繞向前倒右去丙午立巽

巳向。庚丁生旺中元外

織水城內堂巽水倒左去癸丑繞向前倒右去丁未立巽

巳向。甲丁生旺中元

織水城內堂巽水倒左去癸丑繞向前倒右去坤申立巽

巳向〇納丁生旺〇外

回水城內堂巽水倒左來庚申、去癸丑、繞後去丙午、立巽

巳向〇丁旺

回水城內堂巽水倒左來庚申、去癸丑、繞後去丁未、立巽

巳向〇丁旺

回水城內堂巽水倒左來庚申、去癸丑、繞後去坤申、立巽

巳向〇丁旺

回水城內堂巽水倒右去丙午、繞後去丑、立巽巳向〇庚旺

巳向〇丁旺

回水城內堂巽水倒右去丁未、繞後去丑、立巽巳向〇庚生

回水城內堂巽水倒右去坤申繞後去丑立巽巳向　旺元生

斜水城右來庚申左來艮寅合巽水同去左角乙辰立巽巳向　帳元旺

斜水城左來艮寅右來庚申合巽水同去右角丙午立巽巳向　中元旺

後合城離巽水上堂向左繞後合右來水去庚申立巽巳向　中元旺

後合城離巽水上堂向左繞後合右來水去庚申轉去癸丑立巽巳向　中元旺

後合城離巽水上堂向左合右來水去癸丑轉去庚申立

巽巳向町祗

後合城離巽水上堂向右繞後合兌左來艮寅水去癸丑立

巽巳向帳祗

後合城離巽水上堂向右繞後合左來艮寅水法癸

去庚申立巽巳向帳祗

後合城離巽水上堂向右合左來艮寅水去庚申轉去癸

丑立巽巳向帳祗

消砂立向訣

青囊云更有諸位高峯起尖秀高員要得位長生高聳旺

丁旺位起峯財祿聚此砂法也外此有吳公四十八局

雙山五行法也鏵長老三十八將洪範五行法也然此可

以辨天成之凶吉古人言砂獨言消消以大地多帶文風

此中須有作用存其惟賴公宿度砂訣權操在人按之無

不神驗南唐何令逼調地無精氣以星氣為精氣誠至言

也法以中針向上之度為主剈斗奎井屬木亢牛婁鬼屬

金氏女畢柳屬土房虛昴星心危畢張尾室鬵翌俱屬火

箕壁參軫屬水如局中有高大星峯須對、

中針何度砂度屬木向撥火度木生火為食神向撥

木度為比為旺神向撥金度金剋木砂為奴皆吉向在水

度水生木砂為洩向在土度土受剋于木、砂為煞皆不吉

故見金火二砂立水度向撥金砂為生火砂為洩也。八木

土三砂立金度向撥金砂為旺土砂為生也見金木二砂

立金度向則一為旺、一為奴也立水度向則一為旺一為

生也見水火二砂立水度向則一為旺一為奴也立土度

向則一、為奴一為生也至砂有高有低有大有小須撥高

者大者居吉位而于本山之來龍尤爲吃緊砂有遠有近

有身有尾須抱其近其身爲君吉位而于其開面有情諸九

爲吃緊又須兼繒頭哥之如見木金土吉形砂撥于吉位

發福最大所謂生見禽狼輪輸飛答生見巨門白關尤大

金水尚曹令廉貞破祿銀連庭生見文曲爲小貴澳

奴依例明是此故砂有蛾眉鳳簪鏡臺筍軸等形喝生帶

旺則屬男或男尚公主龍旺神池剋則屬女或女作宮妃又

度有初關中關末關之別如軍火十七度以二二度爲初

關爲進氣八九度爲中關爲旺氣十六七度爲末關爲退

氣看其何關陡健明亮何關透迤偷過何關粘連帶起輕

重遲速俱從此辨大抵有生無旺為有官無祿貴者不富

有旺無生為有祿無官富者不貴又或生而帶殺則貴者

殺身旺而帶殺則富者遭禍若殺低小則無子又又帶

帶洩主發科甲善詩文居官清廉子孫貧絕又砂有

尤須分別生在內煞在外是我殺人也煞在內生在外是

人殺我也煞先到生後到先否而後泰生先到方

盛而遭刑洩先而小旺後而大始貧終富旺先而大鴻後

而小始富終貧又或煞洩先近而大生旺後遠而亦大主

本支貧絕承接房分鼎盛如在左則長絕仲承在前案
坐則仲絕三承無二則長承在右則三絕四則仲
承在左右之前則四六受殃在左右之後則長三罹又
或殺在外生在內竟不為害者如金向內砂土外砂火火
土幸連火生土土生金也又穴點龍氣旺處煞多不屬
亦不大害穴點龍氣弱處者反是且觀砂之遠近而斷發
福之遲速吉砂近穴有情流年填實其方卽應又有衝釣
之法以決禍福之期如立巽宮木度向辰方金度育砂尖
銳金剋木為煞斷申年戌月損人以申釣辰戌衝辰故也

若立巳向屬水則又生人發貴又丙宮火度向亥為水度

有煞亥年填實亥係內白虎應損小房人而寅與亥相合

竟釣大長房寅月損八曾見煞砂在申橫死不在寅申年

月而竟應在巳亥者衝釣之內帶刑寧故也然亦必年月

之驛馬動方始應又如于山丙向辰為奴砂申年月尽照

財利忽損八口辰子拱申水砂為煞故也丙向艮為食神

遇辛年月主病耗倫生人則出聰明敗蕩之子民丙拱辛

土砂為洩故也又金山向巳丑兩峯高起酉砂平伏太歲

至酉己丑兩位高峯挨起酉火為煞土山向甲丁兩山舊

起乾砂平伏太歲至戌亥墳實乾方甲丁兩位拱起乾本

爲煞此二者爲暗煞若龍旺局美主生威武顯要之人龍

弱力輕則生豪惡之輩或損八丁凡看四維砂局如乾砂

在初關形勢親亥則亥年月應在末關形勢親戌則戌年

月應在中關形勢正在乾則甲年月應總之在天看煜八

在地看形勢則吉凶立見若論公位一子獨管二子則廿

四位左邊六位屬長與朝坐共十八位俱屬仲

長占左六位季占右六位仲占朝坐十二位若有四子則

四居左前長居左後有五子則五居主星二居朝案有六

子則六居右前三居右後凡六子宮位如青龍從坐山過

去爲長房之砂從案山過來爲四房之砂白虎從坐山過

去爲三房之砂從案山過來爲六房之砂如子午向艮寅

甲爲內青龍屬長卯乙辰爲外青龍屬四乾戌辛是丙白

虎屬三酉庚申是外白虎屬六巽巳丙午丁未坤屬

壬子癸丑屬五按此砂訣賴公原以宿度爲主今羅盤所

製度猶是公所用南宋甯宗時開熙懋也後鐸長老以乾

坤艮巽配木宿屬木乙辛丁癸配土宿屬土辰戌丑未配

金宿屬金子午卯酉甲庚壬丙配日月屬火寅申巳亥配

水火至張九儀始以寅申巳亥專屬水葉九升何揄秀等
皆因之然星度有今昔之殊多豪之異斷以中針而上今
臺歷宿度為准

縣寧歡 什業圭 經緊平籍爬壽 一六

益陽姚諱敦嗣丞譔

甯鄉　楊　堃方城　纂
　　　江　清學臣　㰅

受業　族　　廉教吏仙
孫　振鵰珊翼　運鴻敬亭校

小元空卦說

元空者向水之總名也水色黑故稱元向朝空故曰空青
囊訣云若論元空分五行知得榮枯死與生丙丁乙酉原
屬火乾坤卯午金同坐亥癸艮甲是木神戌庚丑未土為
真子寅辰巽辛兼巳申與壬方屬水神經云天關開財祿

之源地軸潛化生之實蓋來水爲天關去水爲地軸審明

堂水之來去有情無情以斷何年之興廢也法以周尺齡

驗尺四尺五寸爲一步一步管三年如縫鍼丙向雙

山屬火於明堂丙向上逆量來水到屈曲處得正鍼之甲

元空屬木生丙向之火爲生人得正鍼之寅元空屬水射

丙向之火爲射入生入射入爲有情算該幾步到何年必

得祿若是卯水屬金丙火剋之爲剋去丑水屬土丙火生

之爲生去剋去生去則無情算該幾步至何年必耗財又

于丙向上順量去水得辛屬水爲剋入得亥屬木爲生入

算至何年必發丁得坤屬金爲剋去得庚屬土爲生去算

至何申必損丁故纏鍼巽庚癸巳酉丑六金向得戌庚丑

未水爲生入丙丁乙酉水爲剋入吉子寅辰巽辛巳申壬

水爲生出亥癸艮甲水爲剋出凶坤壬乙申子辰六水向

得乾坤卯午水爲生入戌庚丑未水爲剋入吉亥卯

爲生出丙丁乙酉水爲剋出凶乾甲丁亥卯未六木向得

子寅辰巽辛巳申壬水爲剋出凶乾坤卯午水爲剋入吉得

丙丁乙酉水爲生出戌庚丑未水爲剋出凶艮丙辛寅午

戌六火向得亥癸艮甲水爲生入子寅辰巽辛巳申壬水

為剋入吉得戌庚丑未水為生出乾坤卯午水為剋出凶

青囊云生入剋入為進神生出剋出為退神此小元空之

用也

大元空卦說

葉氏云青囊是論四卦三合小元空天玉是論三卦四經

大元空青囊重收生旺天玉專辨清純而其註天玉經父

母卦也分江東江西江南北為三卦謂曰寅至丙八位為

江東熱自申至壬八位為江西卦午丁未坤子癸丑艮為

江南北卦東西四十六位其一父母南北八位其一父母以

釋二十四龍管三卦之義其言大元空也分金木水火四

卦以乾丙乙子寅辰為一龍金巽辛壬午申戌為二龍木

艮丁庚卯巳未為三龍水坤癸甲酉亥丑為四龍火八神

四個一者江東八位其中寅辰乙丙為大元空之一龍也

八神四個二者江西八位其中申戌辛壬為大元空之二

龍也大元空以金木不犯水火水火不犯金木為清犯則

為駁三卦之法東西之龍行度只宜東西若八南北卦為

龍不純立向只宜東西若立南北向為向不純水步只宜

東西若走南北方為水不純大元空之法二一金木之龍

行度只宜一二若折三四卦為龍不純立向只宜一二若
立三四向為向不純水步只宜一二若流三四方為水不
純或龍向水俱在一龍之內如辰龍乾向水自寅來出丙
而去俱在一金之內謂之聯珠格更妙此二家分用之法
又有二家互用之法如東西之龍向水火不特不犯南北只
宜行大元空一二之內並不犯三四之水火此乃清中清
為九吉故曰八神四個一四個二于東西卦中另指出一
一金木者此意也若東西為主或犯南北止犯南北之一
二木犯三四南北為主或犯東西止犯東西之三四不犯

一二為濁中清其說不免穿鑿不若蔣氏之以三元分三

卦以天卦為父母之直捷也近世傳有元空秘斷以三元

水法為主暗融三合之意于內極為靈驗篆條鈔本不無

訛錯子為增潤並加註釋以為斷驗者之要訣謹錄于左

元空秘斷

不知來路豈知入路盤中八卦皆空言扦穴須看來龍未

識內堂焉識外堂局內五行盡錯不徒格入手一節未

星斗應用祇在中央千瓣蓮花芬芳止此根蒂不在貪狼大勢一天坐穴以天

砂以經為主乘氣脫氣轉禍福于指掌之間星為要銷

度為主乘氣脫氣轉禍福于指掌之間左挨右挨辨吉凶

于毫芒之界。必合透地耳腑之法。

嫌隔水不逼情男女既屬夫門庭最忌頑劣非孝義。龍與

雌雄交媾向與卦爻雜亂巽姓同居激懇半黎蛦蛤為嗣。水要

陰陽比和卦爻雜亂龍向水不

宜駁雜。火燒天而鴟張相鬥家生訐諱之兒風行地而

硬直難當室有勃谿之婦乾坤為父母離巽為子女離水

震為乾父所剋男不招兒坎為坤母所傷于難得嗣剋金巽水出坤木剋土

怦逆

卯水倒左為癸生而出乾則破旺

乾則衝破養生方于向于火向右為辛午向出神則破旺

倒右為壬旺向坤則衝破養兩卦相溝生逆子卦山山水

生大文金剋木土剋水故絕嗣

滿亂單龍結穴出鰥夫艮山與水交媾如子山乾丑未換局

木吉無水異無配偶主綰

瓷僧尼震巽與失宫招賊丐。丑時應未向、未時應丑而震兌。巽係東卦零正失時不吉、位明堂破震應罹吐血之災。巽兌翻卦兌水為破軍震山金刺木巽官水路纏乾擬獲懸梁之心。震水為破軍震兌合聚主血疾離乃上元之水忌一時相交相衝。水離乃上元之水人乾主自行、酉乃二黑乃之催官子乃六白之催宫震乃下元之值廉貞而火災頻雞鼠交而傾瀉每犯徒流雷出出而相衝定遭桎梏見逢破窜而身體多虧見交曲而蕩子無歸過祿存而瘟瘟並發。言破絲廉文各有司令之用午酉逢而江湖花柳。非其時則如其星以斷之午酉俱屬沐浴方若午酉合流午山山風值而泉石膏盲見酉水酉山見午水皆主淫艮乃上元之水巽乃中元之山地被風吹還生瘋疾風雷因金死水不宜混離相值

坤向坤水出卯為正局出于亦吉若來巽出坤為正
局出午亦吉若來巽出艮主女八瘋疾艮向水出酉為正
局出兌亦吉若來艮出巽主少男瘋疾震巽係
東卦兌為西卦震巽向兌水徃來是金水剋木向大凶

無家室之可依奔走於東西道路少姻緣之作合寄食於
南北人家。偶生家室姻緣不如此則不合局
生山成水成山生水是男女配木傷土而金位

重重禍須有救土制水而木星
得乾兌水制之尚無害坎山見坤
水相剋得震巽水剋得震巽水
靈靈災亦難禳坤山見震
非類相從家多淫亂因
親而合。世出賢良宜言龍向水皆我告。
盆而斂死我剋之而反蒙其惠遭法網而更生

巽是金生水水生木也然酉金生巳流破生方主產難師
商艮水入東西混雜主凶幸有卯水剋之合流入坤為催

酉向酉水出酉水出被其殃坐臨

宮徽化陰邪滿地成羣紅粉墮中快樂火曜連珠相值毒

凶為吉。

雲路水生遇。巽離坤兌四女卦山水純陰混雜並列主汪

丙丁為火曜丙向丁水朝出巽為連珠格上

元文曰。發詳 丙臨文曲丁近傷官八財因之耗故癸為元

文司馬水法

龍王號紫氣昌熾各有攸司。貞以申為文昌丁以坤為傷

立癸有陰陽之分生方反背無情後八不肖生位端方

立向收水亦須有別又丙丁向見坤申水上堂大

凶王癸有陰陽之分生方反背無情後八不肖生位端方

生旺方位砂水拱揖火見土而出頑鈍愚

拱揖賢嗣承宗。有情又得旺時必吉

夫。木見火而鍾聰明奇士。混雜主頑鈍若巽山見離水乃

地四生金天九 火若剋金兼化水每經回祿之災土能制

之催官故吉。如下元兌山見離水剋兌金出坎離水能剋離火而坎離相

水又生金自主田莊之富。

合潊覓金之氣愈使兌山無力離被坎剋而火愈

甚上元坤山最怕坎水得艮土制之而出酉酉為坤催官

艮土生之故愛重重剋入立見死亡位位生來連添財喜

神作零神則凶龍向健而動順而動非佳兆止而靜翕

水皆得生旺則吉

而靜囷不宜走非吉穴

言砂飛水頳楝大南箕頳見廳堂再煩驅

坤來作離山朝山自巽來火艮作艮山自

車朝花闕時聞丹詔頻來水闕龍自巽來

坤合拔星大吉遇正配而一癸采蘭之慶宅有得干神之

雙至折桂之兆則多方為正配庚向巽水丙

言得陰陽交媾如子山午向水出丑丙丙向

土涸水而木旺無妨金伐木而火

丙水庚水戌皆是雙收主貴

鄉俴忌水與坤水入堂出巽坤坎土制于卯巽不剋水也

的豪向一係旺向卯山酉巽山乾水來酉乾星聯奎壁會
離火制金不剋木也一係生向一係亥向星在午奎壁在乾
百有之玄亳胃入斗牛積千箱之玉帛星在午奎壁在乾
是也胃在酉斗牛值艮卯山酉水中艮是也子水出乾
子癸喜產英男天市合坤申艮卯山酉丑局立旺向故吉離丁逢
元發貴天市垣在艮寅艮山坤申明當敵國子午兼癸丁向立
向坤申水特朗出卯下元發寅午戌局立旺向一合巳酉丑局立
富比喻未土助兼金堆積十週金生坤山艮水出兌也四
生有合旺重人文寅申巳亥局四生坤山艮水出坎也也
也辛比庚而辛更粹美乙附田而乙益秀靈有分陽
衝裕饒田宅出富砂水斷張所謂四庫水來主縣富是

之妙須較量龍向四旺豈凶當看卦而酌其用四墓非吉

水勢以立局乃吉須因時而惺所裁欲知禍福大祥妙在心思眼力窮神盡

化庶乎近之

砂水斷驗歌訣

第一歌是貪狼天市垣君艮方貝為貞下起元處四柱

高揄地始良砂如櫥橫水溪宦資鳳館富難量砂如低

小水溲短當溫飽民田莊丙龍遇少水矢黃與八發未

次第月三衰辰戌龍見出鰍寅悖逆多招僧作塞

程六歌兌武曲兒應少徵西金宿酉砂酉水杰而清丁艮

酉男卯富巽兌雙生女漸貧破局咸池生黃疸投河月縊

罪皇臺癸正混流多順脹女禍無端到弟昆

玄龍實驗之亦須水朝或凝舊破局敗家或火燒鵝向化

之多穴咎丙同午位並流去午戌年見回祿

第二歌歌巨門巽爲地戶太乙辛巽與砂巽與水龍辛壬癸戌年

入試冠羣英巽方若見雙峯地見弟聯芳入翰林庚卯二

龍砂世巽出人經醫武超羣巽砂若使似蛾眉男爲駙馬

女爲妃因女致富因妻貴皆因巽水特來歸巽丙丁亦號

三陽最喜朝來入鬼鄉東震西庚皆鬼位義門壽考福無

疆巽水雖然剋艮龍縱無毒算也豐隆巽畏兌兮丁巳丑

丁巳畏巽酉畏辛巳向剋巽水冷退抱花山見長淫風

辛峯天乙司文章翰林學士觀龍光巽龍年少登科第狀

元魁首姓名揚辛水朝來進金寶亦主如花女人好穴乘

艮亥卯龍神水朝砂秀登科早丁巳畏巽酉畏辛破局冷

退八不曉

第三歌保祿存乾居伐極號天門水月砂詳出豪非龍神

最毒坤地甲離龍宰輔辰龍貴馬上人金階龍躍門乾居卦

日甲午首發福卓巽于羣龍破局多招跛且瘋鰥寡繼贅

絕嗣宗乾亥雙朝人失血戌乾暗啞並盲聾艮丙巽龍見

乾水穴與財分緩急臨乾水朝時禍速至乾水去時禍緩

尋。

甲水申砂乾龍吉年少登科又得意破局跛癀雜卯瘋峯

歛本筍與畫筆寅甲有墩出師巫若使員長主博弈。

第四歌文曲兮壬與寅戌紗南離離水富豪又貴顯壬子

癸龍甚合宜離水去來俱驟發時至離鄉是發期離峯獨

出招回祿乾壬泄制產英奇破局咸池及火災子午軍賊

劫貲財若右員墩火災冕又主目盲並墮胎巳丙向申年

水見陰人吐血常懨懨午水若從酉口流卯艮龍見注目。

羞乾龍午水為殺曜位合先天不甚愁。

壬水驟發愛午龍砂清水秀出公卿單壬納粟血財旺州。

龍亦作催官論壬水來時居家發壬水去時離鄉興亥巽。

壬兮離辰亥黃腫溶水一明恆。

寅水丁財愛乙龍水來水去離興破局寅為艮八煞瘋。

盲虎陵血瘦賣甲有墩出巫祝員是傳弈遠馳名。

戌水丙龍富驟發戌應奎婁出科甲間招回禄聾與盲破。

局卽為鼓盆殺卯龍喑啞向戌與艮龍聾盲向坤發丑未

窩應太微多福壽艮龍如遇催自速丙丁救叉山水朝犯

見凸出曰向救宥砂如印勢作公卿櫃橫之形尤富見辛酉

常凹出水敗眼珠凹陷深庚戍宮中苦燥少庚向房穴見

事興

第五大廉貞鬼震應雷門陽衡位震水特朝聚富興庚龍

應產英雄類庚卯峯高主大權坤艮卯兑並亥未庚卯亦

巽乙與坤申艮庚亥震艮申姦盜頓興由破局定遣殺戮

與盾刑

庚爲天漢賣催官去來俱富發武弁庚砂高似兜鍪樣主

天元寶鑑　卷五

生大將鎮邊關庚砂尖似判筆形艮亥行龍折獄清庚砂

高聳巽龍見為官清正播芳名單庚破局產強人全憑偷

竊以營生壬龍丙向庚炤穴定生強盜作頭名庚申冲射

被人殺害眾成家得丙丁

天皇積善旺丁祿卯巽蛇逢時日足離龍畏亥亥畏壬申

畏庚亥為破局少年吐血瘵規主昝還橫過禍災輕

未水信邪人發財卯龍未水分去來未　　求雷鑿家申蟄聲

去雷响山白獻秀水特槑登穴見之福始長艮艮寅癸寅

篤貝水破砂陷貴休詳

傚局易且速巽龍酉水殺相侵酉方山陷卯巽凶如逢子

午辰戌龍酉水來去坫闖風辛酉混朝兩相畏雖富別妻

害歴脅。

丁為南極老人星與丙同來收救文男孝女賢多壽考破

局腹痛禍家庭陰龍遇此皆向禄射箿金門是酉龍水朝

砂委魁第一龍來艮亥喜相逢

巳旺丁財號天屏卯龍巳水互富興巳起貝墩號金印艮

亥行龍最喜逢破局吐紅損年少或見蛇傷所肯應丑龍

水成乙巳水暗金曜氣兩遭凶巳偕巽水以俱溜水別水

巳未成達来剋巽水財退多巽向巳水丁難救龍向剋水

禍緩輕水剋向兮禍重速壬亥艮寅兼乙卯庚申辛酉同

紥寃巳屬長生與亥偕巳爲地戶最宜開陽龍水口巳砂

塞婦人不孕絕嬰孩陰龍水口巳墩起縱然懷孕也墮胎

丑流信佛屯生田敗局僧巫㦸寡兼辰戌龍見癩盈首兑

畏巳兮午丑速罷龍丑水黨歷同四墓魚笯扛屍凶丑方

若有尖来兑乙坤龍兒産屠翁

第七歌號破軍北方坎納癸申辰坎癸水朝生六指離龍

八穴近君門陽龍坤離陰巽兑定然發福是雙生坤離雙

榮特求卦不准水不朝凝斷不靈四庫水來主驟富四

並耳起產英雄四辰生破主天折四沐浴來主宣淫丑未

申為生位左。財丁破局虚癆損妙齡坎龍角水扦暖庚卯

煞為官官位會卯龍申水扦溴向逃亡絕滅苦遭刑

局瘋癲並落水坎龍犯煞落水亡酉龍喑啞缺唇齒丑未

大旺與產是辰水來去咸宜冲墓位乾龍得此稅糧多破

龍生瘋疾人魚後砂見主路死甲辰位上是天罡甲向辰

水最可耻。

第八歌、輔兼弼地母卦拼坤與乙坤主財穀極豐盈窶母

天□□選　卷三

起家多蓄積乙癸乾離四龍神喜逢坤水坤砂揖男為將

軍女為將亂峯低小亦官籍破局坤朝少寡孤掀裙砂拱

女淫污若有員峯孟鉢樣定生和尚與尼姑坤申並朝福

祿齊坤水卯龍定剋妻坤彙未水混流入廉貞八殺兩相

臨未么坤多遇陽局應見男女吐血亡未多坤少遇陰局

女人失血甚悲傷

乙逢坤脈車一折乙見辰龍貴一般乙又雙朝多繼產贅

得妻破富且歡破局主生手足疾多女螟蛉或贅繼乙卯

同來定損妻乙辰投河並自縊

元合會通　卷五

思來戌流注少亡悖逆不忠怨戌方若有尖刀砂庚酉龍

維山都創午戌破局壞眼睛或砂或水甚分明砂患眼珠

水邪佞丞午羊的陷丑戌砂尖屑創其子午盜賊及唇黃

四生吐血午乾坤辰戌乾寅午盜賊瞎寅申乾甲辰

多瘋癸六指丑未癆乾甲敗駝辰缺唇子午巳墩胎屢

墮四壑尸山路死人

昔賴太素寫紹興三年無有知者乃將卦氣斷驗訣留

存鐵工家焦氏仁山得之往餘杭行業八奉之若神明

其書乃催官龍穴砂水四篇真詮賴公星學一生得力

處也張氏配以輔星地母卦作爲歌鄙俚重複拖沓不
清難于尋繹予本其義而更其詞刪繁就簡條縷分明
更加以精確有驗之訣末復總括其義俾學者便于記
誦焉。

司馬頭陀水法　曰一乃變洎冢自稱司馬頭陀　公姓劉名潛宋哲宗時南康府人官

蔣氏三元水法本司馬氏水法而出司馬氏因青囊有貪

狼祿馬小神大神之塔烟天干氣清地支氣濁而有煞逢

太歲中動則凶乃著水法悉本三合而用于維取氣之清

也直流格云巽坐水流乾上去金水相生富且貴若流至

戌亥壬方失火流離遭徒配乾山巽水出高官來水去水

總一是。水来往來去見男孤女寡出貧寒。坤山艮水出

富豪爲官今更。清高去忌丑寅支戌人。瘟瘇虎炎幾番

遭艮山坤水遛主富廣置田開。丙往法一意申未兩宮流

典盡家貧雖絕旦。此正鏡乾巽坤艮串縫鍼戌辰丑未向

左右八干同歸向上是三合衰向水法蔣氏推衍之謂天

元向水之來去宜在天元地元人元向水之來去宜在地

元八元即此法也祿馬御街格云乾宮正馬申方求借馬

原來丙來遊辛是乾宮之正祿三方齊到福無休巽辛正

馬甲正祿艮丙馬參祿乙摟坤是乙來爲正馬丙爲正祿

更宜求訣以坤申庚爲陽金酉辛戌爲陰金乾亥壬爲陽

水子癸丑爲陰水艮寅甲爲陽木卯乙辰爲陰木巽巳丙

爲陽火午丁未爲陰火陽同從本五行長生上起青龍順

加六神于地支陰向從本五行大墓上起青龍逆加六神

于地支俱以元武前一付爲御街如坤申庚子癸丑六向

乾爲御街坤水是正爲辛水是正馬丙水是借巽艮上

街酉戌巽丙壬水向坤爲御街得乙水爲正馬丙水爲

正祿丁水是借兌馬上街乾亥壬卯乙辰六向艮爲御街

得丙水為正馬乙水為正祿辛水是借巽馬上街艮寅甲

午丁未六向巽庚與街辛水為正馬甲水為正祿乙水為

借坤馬上街辛水為正馬甲水為正祿乙水為

換云陰不是陰陽不是陽亦綵飾之詞也司馬公貪狼格

云巽庚癸與乾甲丁坤壬乙與艮丙辛四貪狼格真奇異

定出登科及第八巽庚癸者正鍼庚向串縫鍼申向癸水

上堂倒左出巽合子申辰局乾甲丁者正鍼甲向串縫鍼

寅向得丁水上堂倒左出乾合午寅戌局坤壬乙者正鍼

壬向串縫鍼亥向得乙水上堂倒左出坤合卯亥未局艮

丙辛者、正鍼丙向串縫鍼巳向得辛水上堂倒左出艮合

酉巳丑局。此四陰干之旺向生水上堂倒右出艮合

甲庚丙壬串縫鍼寅申巳亥向也。三奇格云、乾癸坤辛正

枝乾癸者丙向得癸水上堂倒右出乾也。坤辛者甲向得

辛水上堂倒右出坤也艮乙巽丁過度時若是相逢依順逆爲官早折桂中

是奇艮乙巽丁過度時若是相逢依順逆爲官早折桂中

辛水上堂倒右串坤也艮乙者甲向得乙水上堂倒右出

艮也巽丁者壬向得丁水上堂倒右出巽也此四陽干之

旺向生水上堂出乾而去立正鍼甲丙庚壬串縫鍼甲丙

庚壬向也。三合連珠格云辛入乾宮百萬庄癸歸艮位發

交章乙向巽流清富貴丁坤終是萬斯箱甲乙艮爺丙丁
巽庚辛坤與壬癸乾貴人三合連珠水三合連珠爛丁錢
辛入乾者辛向庚水上堂倒右出乾癸歸艮者癸向壬水
倒右出艮乙巽諸乙向甲水的右出巽丁坤者丁向丙水
倒右出坤甲乙艮者甲向乙水來朝倒左出巽丁坤者
丙向丁水來朝倒左出艮庚辛坤者庚向辛水來朝倒左
出坤壬癸乾者壬向癸水來朝倒左出乾此正鍼乙辛丁
癸甲庚丙壬向左右兼加俱可經云奇貴連珠並祿馬三
合貪狼貴無價小神流短大神長富貴聲名滿天下乙辛

丁癸是小神申庚丙壬是中神乾坤艮巽是大神司馬氏

發明其義總以乙辛丁癸甲庚壬丙立向以乾坤艮巽去

水悉合三合生旺衰向水法是善于用楊公之法者也爲

立定局于左

　　左水倒右局

乙丙坤　　丁庚乾　　辛壬艮　　癸甲巽

乙丙乾　　丁庚艮　　辛壬巽　　癸甲坤

上字是水源中字是向下字是水口餘倣此此八局要

串縫鍼甲丙庚壬向忌甲寅申巳亥向

乙丁坤　　丁辛乾　辛癸艮　癸乙巽

乙丁乾　　丁辛艮　辛癸巽　癸乙坤

甲乙巽　　庚辛乾　丙丁坤　壬癸艮

以上十二局左右兼加俱可

甲丙坤　　丙庚乾　庚壬艮　壬甲巽

甲丙乾　　丙庚艮　庚壬巽　壬甲坤

以上入局宜甲縫鍼甲丙庚壬向忌串寅申巳亥向。

甲丁坤　　丙辛乾。庚乙艮。壬乙巽

甲丁乾　　丙辛艮　庚乙巽　壬乙坤

以上八局左右兼加俱可

右水倒左局

乙壬乾　癸庚坤　辛丙巽　丁甲艮

乙壬坤　癸庚巽　辛丙艮　丁甲乾

以七八局宜申縫針真申巳亥向局申縫針甲庚丙壬

向○

乙甲艮　丁丙巽　辛庚坤　癸壬乾

乙癸乾　癸辛坤　辛丁巽　丁乙艮

乙癸坤　癸辛巽　辛丁艮　丁乙乾

上前八局左右兼加俱可後四局宜加辰戌丑未

甲壬乾　王乙壯

甲壬坤　壬庚巽

○庚丙巽　庚丙艮

丙甲艮　丙甲乾

上八局亢串縫鋮寅申巳亥向

甲癸乾　壬辛坤

甲癸坤　壬辛巽

庚丁巽　庚丁艮

丙乙艮　丙乙乾

益陽姚諱教銜承謨　　　　　　余兆奎梅郎

　楊　堃方城　　　　　　受業湯懋官戴書校

甯鄉江　清學臣　琹

　　　　　　　　　　　　　孫振鵬輔貳

輔星挨星源流總説

昔人謂不明八山則不知吉凶之位不明九宮則不知興

廢之時二者實交相為用八山輔星也從本局向上起星

以貪巨武為吉合天宅卦三合家用之九宮紫白也以本

局星入中飛佈以生方旺方為吉合挨星卦三元家用之

九宮得運之局。得運之水合八山之吉則必發。但陰宅重

水陽宅重門路。而八卦方位須合先後天納甲參用。若不

通會其源流。而專執其師之一說以相取。則不合而不驗

者多矣。蓋二者皆取貪巨祿文廉武破輔弼九星配用先

賢隨時取義。顚倒變易各借以明其意之所住。予為博考

而剖析之。庶執一者可知所忆夫九星取義。案北斗。原屬

渺港昭代叢書。已明斥為星恩家好奇之說。揚公錯松借

以言巒頭。證明五星之兼體。極為精確。詳載撼龍經實為

堪輿家不祧之祖。而以貪配一白坎。巨配二黑坤。祿配三

玼震支配四綠巽、廉配五黄中、武配六白乾、破配七赤兌、

輔配八白艮、弼配九紫離、始見於幕講師所傳之玉鏡正

經、会之用挨星者、脊用此法也。青囊奥語載坤壬乙文曲

從頭出艮丙辛位位是廉貞、巽庚癸盡

貪狼一路行是、三合雙坐法也。坤壬乙合申子辰為水局、

故屬文、艮丙辛合寅午戌為火局、故屬廉、巽庚癸合巳酉

丑為金局、故屬武、乾甲丁合亥卯未為木局、故屬貪而言

三元者更之曰、坤壬乙巨門從頭出、艮丙辛位位是破軍、

巽辰亥盡是武曲位、甲癸申貪狼一路行、子未卯三位祿

存倒寅庚丁。顛倒作輔星午酉丑右弼輪到九戌乾巳文

曲古運四蓋上元卦為坎坤震上元星為貪巨祿而以貪

分配坎之癸坤之申震之甲故曰甲癸申貪狼一路行以

巨配坎之壬坤之坤震之乙以祿配坎之子坤之未震之

卯故曰坤壬乙巨門從頭出子未卯位位祿存倒下元卦

為兌艮離下元星為破輔弼以破配兌之辛艮之離

丙故曰艮丙辛位位是破軍以輔配兌之庚艮之巽離之

午故曰寅庚丁顛倒作輔星午酉丑右弼輪到九中元卦

為巽乾中元星為文武以武配乾之亥而互以辰巽以文

配巽之巳。而互以戌乾故曰巽辰亥盡是武曲位戌乾巳

文曲古書四。此二十四山二十年小運之令星也三合三

元各有取義矣必辨其孰為古本耶至論九星之所

自始則起于邱延瀚天定卦邱公頌所謂元女當年親曰

傳者也上橫列後天離巽坤兌四女卦下橫列乾艮坎震

四男卦而按先天生卦之序乾一兌二離三震四巽五坎

六艮七坤八而一與二對三與四對五與六對七與八對。

從本卦對宮起貪一上二下次第翻之中起中止絃起絃

止以貪巨祿文廉武破輔弼為序輔與弼同宮是八山之

祖也。諸卦俱從此出、如乾局、乾與兌對從兌起貪絟起絟
止震巨坤祿坎文巽廉艮武離破乾輔、是爲天父卦、坤局、
坤與艮對從艮起貪。中起巽巨乾祿離文震廉兌武
坎破坤輔是爲地母卦以貪巨武爲三吉坎局、則巽辛艮
丙震庚爲吉離局、則以震庚兌丁巽辛爲吉震局、則貪在
離巨在乾武在坎巽局、則貪在坎巨坤武離艮局、則貪在坤
巨在坎武在乾兌局、則貪在乾巨在離武在坤四陰龍之
三吉在四陽卦四陽龍之三吉在四陰卦故陽龍宜坐陰
山立陽向陰龍宜坐陽山立陰向以占坐山之吉秀也。楊

筠松廬州陽宅課云、辛龍甲向、坤門路貝管用現財、自有

五鬼運將來辛龍即巽從坎起貪廉在乾廉爲五鬼甲納

于乾甲向是五鬼臨門也且在坤乙掌財帛坤乙門路得

水爲五鬼臨門帶財來是楊公用對位起貪之法無所謂

校尾也。吳景鸞徽州府基課云卯龍丙向甲門開五百年

開產大財走丁紫陽山下水乙庚之歲損嬰孩基係癸卯

龍過峽癸卯綠震從離起貪且在乾甲納于乾開甲門故

產大財廉在坤坤峯高聳因建一樓供一黑邑將軍拈弓

搭箭射之以水制火也巽峯祿存宜低而高乃于南門外

向巽鑿一丁字塘以制之。用丁者巽納辛、畏丁火爲殺曜

也。癸卯龍納音屬金、酉水來係金旺方郤爲破軍乃建橋

造屋以掩之。水流紫陽山巽巳方去係金生方。故乙庚化

金之年有損小兒之應是吳公用對位起貪之法無所謂

挨星也。賴敬仙記胡大傅巽龍乾向地云、五鬼臨門不帶

財官爲太傅也須貪巽龍入首、巨門到坤五鬼到乾乾峯

高起卽扦乾向是五鬼臨門也。若坤乙方有水來則帶財

主有五兒運財之應或乾向有水朝拜則廉貞水化爲輔

弼水不惟無吐血回祿之灾且有官貴孝友之慶眞而且

當也情兩方皆平坡無水故斷貪是賴公用對位起貪之

法無所謂挨星也又有五鬼卦從本宮起廉以廉武破輔

貪巨祿文為序以貪巨武水朝為吉廖公金精以廉居本

宮不合陰陽万將廉輔互摻從向上起輔以輔武破廉貪

巨狼文為序例用正鍼而兼縫鍼不論水口專論來去之

水昌之所見者焉是貪輔主子孫武主貴秀巨主財帛廉

主火症破主官災祿主殘疾文主淫蕩各以類應內中有

吉帶凶凶帶吉者如廉為五鬼帶巨門水主富辛向見乾

水亥水同來是也帶武曲水主貴庚向見坤水丁水同來

是也。但發福者主有血疾。若廉貞水帶巨武水不上堂而
他去。不吉卦例。至廖公始變對位起貪之法而從向上起
輔。是爲輔星水法。亦無所謂挨星也。自後乃有變輔而用
挨者。殆始於蔣公平階。蔣公頗譜天星之學。所著六元五
歌。論元運。論選擇。實有可取。所言挨星引而不發。致使無
識之徒。不明易理。不識天心各創一說。以簧皷于世。竟令
學者真贗莫辨。呼誤人甚矣。予所著挨星口訣。頗見其微。
載第一卷九星條下。兹將各卦例剖柝源流。而立輔星定
局。與總斷歌于後。俾學者不勞而獲焉。

輔星定局

乾甲向武在離壬寅戌破在艮丙廉在巽辛貪在坎癸申、

辰巨在坤乙祿在震庚亥未文在兌丁巳丑、

離壬寅戌向武在乾甲破在巽辛廉在艮丙貪在坤乙巨

在申癸○甲辰祿在兌丁巳丑文在震庚亥未、

艮丙向武在巽辛破在乾甲廉在離壬寅戌貪在震庚亥

未巨在兌丁巳丑祿在坎癸申辰文在坤乙、

巽辛向武在艮丙破在離壬寅戌廉在乾甲貪在兌丁巳

丑巨在震庚亥未祿在坤乙文在坎癸申辰

坎癸申辰向武在坤乙破在震庚亥未廉在兌丁巳丑貪
在乾甲巨在離壬寅戌祿在艮丙文在巽辛、
坤乙向武在坎癸申辰破在兌丁巳丑廉在震庚亥未貪
在離壬寅戌巨在乾甲祿在巽辛文在艮丙、
震乂亥未向武在兌丁巳丑破在坎癸申辰廉在坤乙貪
在艮丙巨在巽辛祿在乾甲文在離壬寅戌、
兌丁巳丑向武在震庚亥未破在坤乙廉在坎癸申辰貪
在巽辛祿在乾甲文在離壬寅戌巨在艮丙、
乾甲巳向武在震庚亥未破在坤乙廉在坎癸申辰貪
在乾甲文在離壬寅戌巨在艮丙祿在巽辛、
在巽辛巨在艮丙祿在離壬寅戌文在乾甲、

輔星總斷歌

元合會通　卷六

輔弼屬木一四七太陽本宮主孝　弟更得木旺方與時亥

卯未年應得意。

武曲屬金二五八金水福德主科甲更得金旺方與時巳

酉丑年應顯達。

破狼風金一四七天罡絕命主凶逆尰足缺唇及瘟瘟瘋

啞產難雷水溺。

廉貞屬火一四七燥火五鬼主狂戾師巫瘟火癆血亡繈

產雷傷並足疾帶巨主富帶武貴廉文並入招狐媚更得

火旺方與時禍速應在寅午戌。

元合會通　卷六

貪狼屬木三六九紫氣生氣主孝友因公進財及登科紫

茜繞棺發丁口。

巨門屬土二五八天財天醫主正大神童壽考福豐隆辰

戌丑未年方發

祿屬土三六九孤曜絕體主禍謬僧道牢獄寃與鰥縊

亡產難亦時有

文曲屬水一四七擺蕩遊魂主技藝賭博顛狂潜水亡瘡

瘰瘵瘵眼足疾欠債離鄉鰥寡多申子辰年大不利。

五鬼運財定局

乾甲龍立巽辛向得震庚亥未來水與門路、

離壬寅戌龍立艮丙向得兌丁巳丑來水與門路、

艮丙龍立離壬寅戌向得坎癸申辰來水與門路、

巽辛龍立乾甲向得坤乙來水與門路、

坎癸申辰龍立兌丁巳向得艮丙來水與門路、

坤乙龍立震庚亥未向得巽辛來水與門路、

震庚亥未龍立坤乙向得乾甲來水與門路、

兌丁巳丑龍立坎癸申辰向得離壬寅戌來水與門路、

總訣乾坤龍用雷風相薄格震巽龍用天地定位格坎

離龍、用山澤通氣格艮兌龍、用水火不相射格男卦龍、

用女卦向取男卦水、女卦龍用男卦向取女卦水陰陽

相配巧合如此、

大遊年卦

大遊年亦名卜居卦、八宅周書相宅家用之法本天定卦

以貪廉武文祿巨破輔爲序、因謂以貪巨祿文爲序者可

兼斷陰宅名小遊年、此專看陽宅名大遊年小陰而大陽

也、如震爲本宮乾屬廉曰五鬼即小遊之巨門巽屬武曰

延年即小遊之祿存坤屬祿曰禍害即小遊之廉貞坎屬

巨曰天醫即小遊之武曲。離屬貪曰生氣艮屬文曰六煞。

兌屬破曰絕命震屬輔曰本宮皆與小遊同益乾兌爲老

陽艮坤爲老陰二老相配爲西四宅離震爲少陰巽坎爲

少陽二少相配爲東四宅東四宅木火相生相比須門主

竈俱在西四卦但山爲正神一卦可通三山門主竈爲零

竈俱宅主命俱在東四卦西四宅土金相生相比須門主

福官氣用納甲此又從對宮起貪之法與輔星向上起者

有異錄定式于後、 乾六天五禍絕延生、 坎五天生延

絕禍六 艮六絕禍生延天五 震延生禍絕五天六

巽天五六禍生絕延　離六五絕延禍生天　坤天延絕

生禍五六　兌生禍延絕六五天。

三元命訣

上元甲子起一宮中四下七五寄坤女命上五寄艮八中

二下八逆順輪男命上元甲子用排山掌起坎一宮逆數

至離為甲戌屬離命中元甲子起巽四乙丑至震屬震命

下元甲子起兌七乙丑是乾命丙寅是中五寄坤二為坤

命數至丙子是巽命女命上元甲子起中五寄艮八為艮

命、順行乙丑是乾命丙寅兌命中元甲子起坤二屬坤命

下元田子起艮八是艮命數至癸酉仍在艮亦是艮命算
法每一宮行十年如下元男命甲子起兌逆至甲戌乾甲
申中五甲午巽是巽命乙未震是震命丁酉是坎命辛丑
是乾命。

　三元年九宮起法

　每甲子皆逆行九星皆順布如上元甲子起坎乙丑離，
辛未到震即以三碧入中順飛也。

　年白三元各不同上元甲子起一宮中元四綠儂申起下
元七赤逆行輪。

月九宮起法

子午卯酉起八白辰戌丑未五黃求寅申巳亥二黑起。

行順布八方遊。

如子年正月起八白、二月七赤三月六白以値月星入

中順飛八方、以論凶吉。

日九宮起法

冬至一白雨水赤穀雨原從四綠求夏至九紫處暑

降先從六白遊陽須順去陰還逆但求六甲永無休若逢

紫白方爲吉活法須當仔細搜。

如冬至前後甲子日起一白乙丑日二黑夏至前後甲

子日起九紫乙丑八白以值日星入中順飛八方、

時九宮起法

三元時白日相同陽順陰逆入中宮冬至一四七當記夏

至九六三是宗。

冬至後子午卯酉日子時一白辰戌丑未日子時四綠。

寅申巳亥子時七赤順行求值時星夏至後子午卯

酉日子時九紫辰戌丑未日子時六白寅申巳亥日子

時三碧俱以值時星入中順飛

九星生剋歌

生氣原來生我身殺星剋我便生嗔我若生他為退氣被

吾剋者是財神但為死氣非全利與我相同旺氣真。

凡看山水須審大局何方峯起何方水近如離方有水、

便作坎山坎方有水便作離山乾方水近便作巽與山巽

方水近便作乾山四圍有水作中宮論如無合流則取

橫遶如有合流卦則從角蓋平地以高者為山山峯為

建低者為水水際為破建為主破為客主宜豐厚客宜

環把生旺方宜山高水朝關煞方宜山低水去又土局

見一白本局見八白火局見六白爲魁星火山見八白

土山見六白金山見一白爲蔭曜宜朝拱有情又山岡

水路得管元星勃顧主六十年大利如南方水近卽爲

坎卦以一白星入中其生剋以一白水爲主二黑土到

乾屬殺氣方三碧木到兌爲退氣方

主運流年九星加臨吉凶訣

生入煞方跛疾病煞入生方牛吉凶死上煞來動田產財

臨殺退損犧牲殺臨關煞穿心害生入生方處處興惟有

五黃正神煞八方到處不留情

以主運星流年星加入局八方斷、如坎局以坤為生氣
方上元甲子二十年又得七赤生氣加坤為生方、
餘倣此生見生主進財增產生生見煞主官災得貴人救、
殺見殺主火災損八煞見生上半年吉下半年損人退、
見退主禍害疾患生見退主損六畜小口後遇貴人、以
本方有山水道路朝拱及六事動作方斷、

陽宅九星吉凶斷

煞氣原枯如門竈厠煞方偏喜去安房生旺自宜安六事厅
路井生旺却忌去安床退氣煞如損畜產門安死氣不生
竈厨

則邊有五黃凶愈速。百事臨之都見傷。

如震宅以三碧入中飛佈、四綠到乾為旺氣方、五黃到

兌為冲關方、六白到艮為殺氣方、七赤到離為殺氣方、

八白到坎為死氣方、九紫到坤為退氣方、一白震為生

方、二黑巽為死方、餘傚此、凡占陽宅先以生氣殺氣占

宅外砂水次以生氣殺氣占宅內房間盖本方自有生

旺死退吉凶之分飛剋本位為殺、本位剋飛為死、

本位為生本位生飛為退此和為旺合中宮之生旺而

本位又自為生旺一不相刑害則吉合中宮之生旺而本

方自為退煞則吉凶相半中宮之生旺方住之人財兩

旺中宮之煞方退方若本方自生自旺主人丁繁盛所

調煞方偏離去安床是也又如三碧屬木生亥旺卯祿

寅死午墓未絕申生旺方更得三白星加臨開門六事

大吉雖艮為煞氣而艮有寅祿甚為吉也至以方論則

以房床為主以房坐之星入中順飛門戶竈廁擇其生

旺避其關煞大忌竈於房門相冲關若有冲剋可移其

一舊本紫白賦相傳以為元無著大士著相宅如神但係

鈔本不無訛錯予為删潤註釋錄之于左

紫白賦

四一同宮准發科名之顯。九七合轍常逢回祿之災二五

交加罹死亡並罹疾病。三七疊至見劫盜更見官非此段

提綱

蓋四綠主科第之祥一白乃官星之慶下元歲在癸卯坎

宅之中宮發科上元歲在丙寅乾宅之三房人泮故秀士

赴擧布衣求榮占之各有其法而下僚思陞廢員復起作

之亦異其方第住宅以局方爲主層間以圖運爲君三九

九六三豈惟乾離震攀龍有慶而二五八之關亦可蜚

聲。三碧年九宅乾方及六雜五間之第二間九紫年六宅

離方及入縱北閣之第五間六白年三宅震方及十雜

九間之第八間，一七七四四。豈但艮坤中附鳳為嘉而四七一之房均堪振羽。第四間北赤年，四宅坤方及八，纏七間之第七。一白年北宅艮方及六，纏五間之反四，纏三間之第一間，四一宅中宮，八二二五五八，固在兌巽坎登榮足樂。宅大利非單論黑年八白山一四，俱在兌方之宅，五黃年八白山二黑山四在巽方之宅，五黃年八白山四一，住坎方之宅八白年二黑山二六九之屋俱足顯名。此論層數之屋，戔進戔層也。八坤宅第九進四一同宮，推之八六則文事參軍異途擢用。進五黃年艮宅第六進三間之六八則武科發跡，韜畧榮身，亦數有固然而事非倖致也。此段申明若夫九紫為後天火星，七赤乃先天火數旺宮科名之應

單遇動始為殃殺處重逢靜亦肆虐或為廉貞黃五並至或

為都天戊己加臨雖有動靜之分均以火災為患是故亥

壬方之水路宜通閉之則登時作祟右弼方之池塘可鑒

墳之則隨手生殃廟宇刷紅在九紫煞方尚遭瘟火樓臺

齊艷當七赤旺地豈免炎災造高塔於火宮建岑樓于煞

地但值二星同到必然萬室俱焚回祿之應是以五黃正

煞不拘臨方到間常損人口二黑病符無論小運流年多

生痼疾五主孕婦災厄出霜孀于黃遇黑時二主宅母權

凶出歸夫在黑逢黃宝 五黃陽土二黑陰土·主肚腹黃加
黑是陰壓陽出寡婦黑加黃是陽

壓陰出運如巳退廉貞到處遭殃運若未交巨門會時姊
鰥夫

咎故九紫雖司喜氣而六會九則長房血症七九之會尤
凶四六固掌文昌而八會四則小口損生三八之會更禍。

木剋。從此類推確有實驗此段申明死亡疾病之應夫蚩尤三碧爲闘狠
之神破軍七赤亦肅殺之象故交劍殺六白。七赤遇興逢尅驚闘

牛殺三碧遇起慧官非七逢三到生財豈識財多被盜三
過七臨成疾那知疾病更招尤要圖逅盜息刑不可殺星遇

旺欲識延年却病全在助曜相親。盜官非之應是知旺生此段申明剋削是知旺生

一過爲亨善曜變逢爲美八白逢紫焱歡喜重來土火生六

白遇輔星尊榮不次〇金土生欲求嗣續但取生神加紫白之

星至論窩藏祇宜旺氣在飛星之列二黑與八白齊飛而

財源大進得九紫則瓜瓞緜緜三碧同一白萃止而丁口

頻添交二黑則倉箱濟濟先旺丁後旺財于中可見先旺

財後旺丁于理易詳言吉徵蓋運與令令星主二十年可運星主六十年可

以參觀年與月猶宜並論方曜貴配山配局更配層星乃

佳間星必合山合層尤合方位乃吉木間得一白為生煞

八白星臨而丁添不育剋回頭火層遇三碧為財宮六白亥

年至而訟累不休故遇殺未可言殺須知殺化為權逢生

未可言生猶恐生星受制是殺旺須求生旺造塔堆山當
于生方加意而制殺不如化殺鐘樓皷角宜于化處施工
此段詳言之在方論方原有星官生剋之辨復參以山
制化之法要之在方論方原有星官生剋之辨復參以山
之死生層之退煞局之旺衰而方曜之得失始見就間論
間原有圖書配合之殊復參以山之父于局之財官層之
恩難而間星之制化韋彰方層間之用是知論星以年論
間以進審其氣衰氣旺驗其或吉或凶如八卦乾卦屬金
九星二黑爲土此號星官之善入三層則本來剋土而財
少入兌局則星列生官而八興更逢九紫八木土之元斯

爲得運而丁財併茂且主功名如河圖四間屬金洛書四

篠屬木此圖刻書之局入兌方則文昌破體而出孤八坤

局則上重埋金而出寡若以一層入坎震之鄉姤爲得氣

而魁甲聯芳亦屑人口。此段推論局爲體山爲用山爲體

運爲用體用一元天地同靜山爲君層爲臣層爲君間爲

臣君臣合德鬼神咸驚局雖交運而八宮六事亦懼廉貞

戊己頻陵山雖逢元而死地退方猶恐巡羅名巡羅太歲泊宮天

罷送見盡吉凶原由星判而隆替實出運分局運興屋運

敢以局爲憑山運敗局運興以局爲斷發明星運之用啟

迪後來之賢苟賞精思自徵妙用。此段言疊凶殺及星運作收束

河圖一六水生旺爲文秀爲助藝爲榜首爲聰明剋煞爲

爲多女剋煞爲吐血爲墮胎產難爲夭亡橫禍三八木生

淫佚爲寡婦爲溺水爲漂蕩二七火生旺爲橫財爲巨富

旺爲文才爲魁元爲多男剋煞爲少亡爲自縊爲絕嗣四

九金生旺爲巨富爲多男爲好義剋煞爲刀兵爲自縊爲

孤伶五十土生旺爲驟發爲多子剋煞爲瘟瘟爲孤婦爲

喪亡此層數之大暑也五行臨閒喜水金木忌火土以火

土與廢靡常不剠久長故也

洛書一白水為中男為魁首文章之府生旺少年科甲名
播四海多生男子聰明智慧剋煞刑妻瞎眼天亡飄蕩二
黑土生旺袋田財旺人丁不產文士且應武貴妻奪夫權
陰蕩鄙吝剋煞寡母相傳產難刑耗腹疾惡瘓三碧木為
長男生旺財祿豐盈與家創業貢監成名長男大旺剋煞
瘋魔哮病殘疾刑妻是非官訟四綠木為長女為文昌生
旺文章名世科甲聯芳女人容貌端妍聯姻貴族剋煞瘋
哮自縊婦女淫亂男子飄流酒色破家漸至絕滅五黃土
為戊己然不論生剋俱凶宜安靜不宜勳作伴神並臨郎

損人丁、輕則災病重則連與五數而止主李子昏迷痴呆、

孟仲官訟淫亂六白金為老陽生旺威權震世武職勳貴、

巨富多丁剋煞刑妻孤獨寡母守家七赤金為少女生旺

發財旺丁武途仕宦小房發福剋煞盜賊離鄉投軍橫死、

牢獄口舌火災損丁八白土為少男生旺孝義忠良富貴

綿遠小房福洪剋煞小口損傷瘟瘴膨脹九紫火為中女、

生旺文章科第驟至榮顯中房受瘍易興易廢剋煞吐血

瘋顛目疾產死回祿官災、

益陽姚諱敎舢丞譔

　　　　　　　　　　　　　　　　　　　族　元愷智泉

益陽　　　　塈方城　球　　　受業　敎忠楚堂校

甯鄉　江　　濤學臣　　　　　　　孫振鸞礫山

陽宅總論

陽宅山谷城市不同山谷以巒頭爲主而後宅法城市以
宅法爲主而後巒頭山谷我所獨也城市人所同也山谷
以來龍定城市以街中定陽宅斷云前低後高世出英豪
前崔後箸得祿墮官此要法也凡宅先看出外第一層之

大門次看主房門主房無定位屋脊高大者即是廚竈乃

養生之所尤宜與門主相生須得門生主主生竈更合宅

主之生命禄元為大吉男女正配為延年男女相生為天

醫生氣相剋者剋陰損女剋陽損男宅有靜動變化四法

以一二層者為靜宅看靜宅于天井正中下十字線將羅

盤放于正中線上定準屋向在某字屬某宮門在某字屬

某宮竈在某字屬某宮直斷吉凶萬無一錯動宅至五層

而止故番星止用正五行如上門生武曲武曲生文曲文

曲生貪狼貪狼生廉貞廉貞生巨門之類六層至十層為

變宅十一層至十五層爲化宅番星宜用雙金雙木雙土

屋六層祇雙一層七層雙兩層八層雙三層惟木土金三

者雙之而水火獨單數蓋因八卦中木土金三者皆有陰

陽之分而水火無二故番星亦依之凡看動變化宅先在

大門內二門外院之正中下羅盤看大門在某宮某字或

屬東四宅或屬西四宅則門卽定矣再至高大房院之正

中下羅盤用線牽至高大房門之正中看在某宮某字係

某宅主卽定矣又于廚房院中下羅經看竈房門在某宮

某字或係東四竈或係西四竈則竈卽定矣然後將門主

竈三者看其相生相剋以定吉凶三者平重衙署重周
竈原其以祿為主也者廚房有小院漏天者即下羅盤若
廚房前後有兩門即下兩羅盤各院佈各院之八卦分開
看又合攏看總宜安生氣天醫延年三吉方最凶者五鬼
方如坎宅離門主上五鬼在艮宮門上五鬼在兌宮是也
其次六煞方動宅番星從大門上起游年順數至主房看
得何星即體是星從門上相生而進若門偏一邊如兌主
艮門即從艮上起遊年到震宮是六煞頭層墻即算六煞
水星二層生氣木依次生進

凡屋大門、如入之有曰自應正大當中不合方位亦吉但

砂水衝射破碎有煞亦宜避之宜築坦墻遮蔽另起門樓、

須擇來龍方或來水方調之生旺進氣極吉若朝對明淨、

不犯黃泉八煞參用輔星挨星八宅周書門樓經自無不

利又作欄門步數宜單不宜雙自一步三步五步七步至

十三步吉每計四尺五寸為一步自滴水簷前量起至立

門處止得單步自合公輸尺上吉星更參合紫白尺竹冠

尺元女尺子房尺尤妙至玉輦經天機木星不足信也

袁天罡門樓經

一質庫二絕體三橫財四刑獄五四禁六進田七食邑八

五龍九稱斗十欠債十一飯籮十二大耗起例訣乾亥壬

子癸丑山逢蛇便起端艮寅甲山猴作路卯乙辰巽犬同

看巳丙午山猪放處坤申庚酉虎頭關丁未辛戌龍首是

順行十二走天干如艮寅甲山申上起質庫酉上絕體順

排以質庫橫財進田食邑五龍飯籮六方門路吉宜走天

干不宜庖支、

公輸尺式

○財•病•離。義。官•扰•害○本

尺只八寸、每寸比曲尺有一寸八分、八寸該曲尺一尺四

寸四分

元女尺式尺竹冠同

貪八・天災・天禍○天財○官祿・孤獨・天敗○輔弼

以今木匠曲尺八寸七分分爲八節每節爲一寸每寸合

曲尺一寸零八厘七毫五絲

曲尺式卽紫尺白尺

○白・點二・碧三○綠○黃○五○航○赤○軌○白

右尺十寸每寸十分今之木匠尺也若造門須按合公輪

尺上吉星如卑門二尺一寸歷一白公輪尺合在義上一

尺八寸歷八白公輪尺合在官上雙門四尺四寸壓四絲

合公輪尺本上四尺三寸八分合財上廣五尺六寸六分

催、

塵一白六白俱合財字上吉更能參合元女尺子房尺九

子房尺式

○眯•字•計○土○炁○木○羅○火○金

右尺以今曲尺八寸七分爲之分九節每節合曲尺九分

六厘六毫零○以上五家尺式量法俱從上至下從左至

右進退加減併合吉星爲妙○

竈位宜坐殺向生坐凶向吉作竈陽年向西陰作向南吉○

向東亥吉惟向北凶宜向天下不宜向地支取土虱天月

德月則方竈貴幽闇忌門窗冲射竈口尤忌○

門與竈須男女相配。如坤門配乾竈爲地天泰。乾門配坤

竈爲天地否。坎門配巽竈爲水風井。巽門配坎竈爲風水

渙。震門離竈爲豐。離門震竈爲噬嗑。震門巽竈爲恒。巽門

震竈爲益。艮門兌竈爲損。兌門艮竈爲咸全吉。既濟未

濟。率大有夬履謙遯與家人屯剝賁臨解鼎萃坎離艮兌

震乾坤共十二竈吉凶各半。餘三十二竈大凶。

竈長七尺九寸上象北斗下應九州廣四尺象四時高三

尺象三才竈口濶六寸按六合高一尺二寸象十二時安

兩釜象日月突高八寸象八風。

凡人家小兒難養久病不愈婚姻不遂宜安天醫竈再合

宅主命宮天醫方安牀安竈口大吉功名不利家中貧苦

宜安生氣竈以大門定生氣外生內更准更速男女壽短

安延年竈必壽而富安大門之延年方主之天醫力極准

凡家不利須將舊竈灰土傾之于河濱路口並棄原竈之

鐵器另取新磚于門主之天生延三方作竈若與主命不

合即將竈口向主命之吉力安之亦吉但不如坎離震巽

命門牀竈俱在坎離震巽乾坤艮兌命門牀竈俱在乾坤

艮兌之為全吉也

倉宜甲丙庚壬四向要逆朝來水坐虛向實不宜坐屋後

不可與屋同向倉前放水不可流破財祿方甲向祿在寅、

財在辰丙向祿在巳、財在未庚向祿在申財在戌壬向祿

在亥、財在丑來吉去凶倉門宜高六尺零八寸二分潤宜

二尺零四寸二分高低廣狹俱宜撥紫白尺之二黑星則

鼠不侵。作倉之時忌嚼諸物及衡墨斗籤于口忌著草鞋

人內合此自吉碓碼宜青龍方本山生旺祿位忌白虎方

碓頭宜向外。

穿井在本山生旺之位流泉則大再合來龍更吉乾甲山

屬金生巳旺酉東西龍己酉吉南北龍巳

屬土生申旺子東西龍申子吉酉凶坤乙山

屬土生申旺子東龍申子井進橫財西龍申吉子凶艮丙山

龍子吉申凶巽辛山屬木生亥旺卯西龍亥卯井吉南龍

亥吉卯少亡東北龍卯吉震庚亥未山屬木生亥旺卯東

南龍卯吉亥凶西北龍亥吉卯凶離壬寅戌山屬火生寅

旺午東龍十二步寅吉午平西龍十八步午吉寅凶南龍

午吉寅凶北龍寅吉以上十六山俱八九尺中有泉坎癸

申辰山屬水生申旺子東龍申子辰俱吉西龍申吉子凶

南龍子最吉北龍辰井主進橫財兌丁巳丑山屬金生巳

旺酉東龍巳酉吉西龍酉最吉南龍巳酉俱不吉北龍辰

井有橫兒艮寅甲卯乙辰係東龍坤申庚酉辛戌係西龍

巽巳丙午丁未係南龍乾戈壬子癸丑係北龍

鄭與純金鏡圖歌訣：

一德宜養馬三台豬位強牛星奇羅妙紫燕好安羊貪狼

雞鴨盛太陽通用艮刀兵等凶位六畜定遭殃

乾巽坎離並所納卦十二山壬丙貪于午陽吉可安乙辛燕坤

艮羅皆吉位甲庚兵卯酉刀寶難堪丁癸豺狼居不得乾

巽虎豹實為艱坤艮震兌遞所十二位甲庚卯酉吉星會

乾巽奇羅吉可居紫炁吉星屬丁癸壬丙兵子午砬凶莫

言乙辛豺坤艮虎豹凶宜避寅申狐巳亥血並皆凶德一

丑未三台並皆貴

天井放水歌訣

決溝折放有眞機須向天干忌四隅十二支神君莫犯隅

山依舊所陽渠陰龍必折陰干水莫向陽干說是非若是

脫龍並就局陰陽順配勿猜疑辛丁癸吉切忌支上放出

若寅申巳亥名為四隅大凶若天井有前後須用小元空

法位小神九中神入大神曲折轉出法見前

天井放水在甲庚丙壬乙

衙署大堂地基宜高兩旁開門、名四獸張口多出命案兩
頭不宜有小房儀門內、煖閣邊不宜立碑否主口舌後堂
大房外不宜修一間小屋在中為披髮房主天兩邊為燕
尾房主淫邊有邊無為單肘房主小八暗算大堂前有碑
對立名左右執笏吉照墻及兩邊均宜高大更鼓樓宜巳
亥方不可安長戌丑未方城隍宜井鬼方辰戌子午方監
獄宜安北赤方坐西向東吉監內東房廣大西房低小玉
犯人順利
家居不可用子午正向祠堂宜建三吉六秀方文筆書房

宜建本山官祿方乾田山辛為官坤乙山庚為官坎申

辰山戌為官艮丙山癸為官巽辛山丙為官兌丁巳丑山

壬為官離壬寅戌山巳為官震庚亥未山丁為官甲山祿

到寅巳為文昌方乙山祿到卯子為文昌方俱可又巽辛

為天乙貴人甲乙掌圖青亦吉廁所安吉方多病宜安五

鬼六絕方甲丙庚壬乙辛丁癸辰戌丑未方亦可

金陽姚諶教桐承謨

寧鄉　楊　堃方城　纂　　　　　　　珩芸陔

　　　　　　　　　　安義族連琳光嵐校

寧鄉　江　清學臣　珤　　　　　　　敘廷棌

洪範大五行說

甲寅辰巽大江水成坎辛甲水一同其貫巳山原屬木雜

壬丙乙火為宗兌丁乾亥金生處丑癸坤庚未土中此洪

範五行也晉趙載註郭氏元樞山象五行篇不用正五行

而用洪範可見相傳曰火謂柏午唐一行師者妄也元無

著大士著紫白賦原本連山洪範論以洛書方位生成奇

耦之數定五行而分吉凶亦皆別而不發葉氏泰謂爲先

天之氣其註亦多支離惝怳紀解之甚精其說曰葬藏于

土而土氣之生死在水故論正五行止有水土二行其金

山火山木山云者皆言其形似而非眞也故洪範五行水

居八而土居五爲數獨多坎水離火兌金震木乾金坤土

不變其餘皆變然亦各從其方位實有之五行而抉其間

元之義要亦不得謂之變也艮統丑寅其方爲木之始氣

故爲木與統辰巳其方爲水之尾間故爲水然艮方本土

也巽方本木也故丑爲土而巳爲木震統甲乙兌統庚辛

木金之全局也震爲木木之爲行也其滋育皆水而上氣

皆火也是故始于水而終于火其始必由雨露之澤爲其

終往往出火以自焚故甲水而乙火也水者震之所以爲

龍也此者震之所以爲雷也兌爲金金之爲行也水土之

所際山水土相比久而成石石乃生金金生而泉發是故

始于土而終于水其始必土其終必水故庚爲土而辛爲

水其土也兌之所以爲剛鹵也其水也兌之所以爲澤也

坎統壬癸離統丙丁水火之全局也坎爲水四獸北方有

兩龜爲水而蛇爲火是以壬納于離水又比于土地中之
水離地即失其性癸地中之水也故壬爲火而癸爲土離
爲火火能成金無火則金終埋于土是以丁爲庚夫而兌
納丁丙者日也八干之中唯丙當與乾坤同例故丙爲火
而丁爲金日月與乾坤同而專言日者辛爲月月爲水辛
固水也若夫寅之爲水則以地不滿東南自析木之津以
達于巽之地戶皆積水之區所爲尾閭洩之不知何時已
者也故寅甲辰巽皆水也若夫亥之爲金也則以天不滿
西北自少昊之墟以至于亥之天門皆積山之區山者石

而石者金故兌乾亥皆金也金積于西北而水盛于東南

海爲百川之朝宗而河爲之源焉祭川所以先河後海也

河源出于崑崙戌位也故戌爲水也史記天官書曰雲漢

者其本水河圖括地象目河精爲天漢唐書天文志曰北

斗自乾攜至爲天綱雲漢自坤扺艮爲地紀然則寅申者

水之終始也故寅爲水而申亦水也要而論之皆幽亢之

義實有之理而非或變或不變任人造作者也又儲沭社

疑說曰夫五臟皆一而腎獨有二在爲腎而藏精右爲命

而藏氣神依氣立故曰神門配壬于之水是以人之精敗

者必左癱氣敗者必右也兩腎各有所主故其病各有所
歸壬子一位也子屬水而壬屬火左腎配子右腎配壬子
水爲精壬火爲神五臟猶五行也六腑猶六神也甲乙配
青龍丙丁配朱雀庚辛配白虎壬癸配元武戊醲勾陳巳
配螣蛇蓋坎水納戊離火納己故五行而有六神猶五臟
而育六腑壬火于水之說近取諸身理尤明甚

鐸長老洪範五行砂法

凡建立邦國聰縣及大地壙宅以洪範縈其到頭之五行
從四長生位起三十八將內十七將長生位爲傳送如二

十一將長生位為金匱內將就內一層斷外將就內一層
外合三重而斷惟內將天劫地劫刑劫地戶外將白虎直
減為不吉。欲砂平遠低下。與眾山相等。不可獨高餘則山
勢。而登重疊朝揖有情者。為子孫忠孝單薄低陷高險躬
壓者不足也。若水破其方如傳送主破財各以類應內惟
地戶方宜水破餘以相聯不斷為佳如杭城坤申水土龍
西辛方為支曲艮寅方為廉貞其方係半山半山面向東
北反背杭城在內從官國主宰相之職傳伯通斷云支曲
多山俗尚虛浮廉貞妬主大臣持柄其後果出秦檜賈似

道雜其用七曜訣云、大墓屬破軍、絕胎係祿存、養生貪狼

位沐浴冠帶文武曲臨官旺逢衰是巨門廉貞筆病死七

曜一齊分。

丙十七將木局定位

傳送亥伏尸　子小墓丑　穀將艮始生甲　天倉辰　天柱巽功

曹巳官國丙　冠帶午　大墓未　勾陳坤　沐浴庚　天刦酉　刑刦

辛　地刦。戌　地戶　乾

內將火局定位

傳送寅伏尸　卯小墓辰　穀將巽始生丙　天倉未　天柱坤功

曹中官國庚冠帶酉大墓戌匀陳乾沐浴壬天尅子刑尅

癸地尅丑地戶具

丙將金局定位

傳送巳伏戶才小墓未穀將坤姤生庚天倉戌天柱乾功

曹亥官國壬冠帶子大墓丑匀陳艮沐浴甲天尅卯刑尅

乙地尅辰地戶巽

內將水土局定位

傳送申伏戶酉小墓戌穀將乾姤生子天倉丑天柱艮功

曹寅官國甲冠帶卯大墓辰匀陳巽沐浴丙天尅午刑尅

丁地刻未地戶坤

外二十一將木局定位

金匱亥笏山子大德于生氣子丁庚丑綬山丑玉堂丑青

龍卯陽氣卯未雀巽天門巽鈎鎖丙司命午死氣午行廊

未印山未白虎酉陰氣酉天牢戌真武乾華蓋乾

外將火局定位

金匱寅笏山卯大德卯生氣卯丁庚辰綬山辰玉堂辰青

龍午陽氣午朱雀坤天門坤鈎鎖庚司命酉死氣酉行廊

戌卯山戌白虎子陰氣子大牢丑真武艮華蓋艮

金匱巳　山下大德午　生氣午　了戾未　綏山未　玉堂未青

龍酉陽氣酉　朱雀乾天門乾　鈎鎖壬司命了　死氣子行廊

丁卯山丑白虎卯　陰氣卯　天牢辰眞武巽　華蓋巽

外將水土局定位

金匱申筹山酉大德酉　生氣酉　了戾戌　綏山戌　玉堂戌青

龍子陽氣子　朱雀艮天門艮　鈎鎖甲司命卯　死氣卯行廊

辰印山辰白虎午陰氣午　天牢未眞武坤　華蓋坤

生方曰傳送主丁財病方曰官國主官貴冠前邦曰穀將

主倉庫衰前之位為天柱主壽命墓前之位曰勾陳主子
孫忠孝絕胎二宮曰宗廟水出此則貴吳公云太乙宮中
二水并歸元洞此累世公侯之地太乙即絕位也天柱穀
將勾陳地戶皆在四維催官篇曰催官之砂維四方雲霄
屹立官爵強玉尺曰天柱發四維之氣功名唾手可成皆
得洪範之妙用也又伏尸主六畜蠶絲奴婢小兒小墓主
容貌始生主人丁天倉主身體功曹主女財大墓主墳財
冠帶主耳目沐浴主產業天刦主盜賊刑刦主刑獄地刦
主刀兵自縊地戶主妖怪疾病上四將苔山高峞射刑傷

不免金圉主外財在傳送外一重笏山主官職在伏尸外
一重大德主文章科第在伏尸外二重生氣主八口在伏
尸外三重了戾主婦女在小墓外一重吉則男得美婦女
得賢婚綏山主印綏在小墓外二重玉堂主姻戚在小墓
外三重青龍主音律此位無丙將水破主口訥陽氣主男
在青龍外一重朱雀主文詞機辨在天柱外一重天門主
信行在天柱外二重釣鎖主攀援在官國外一重司命主
技藝在冠帶外一重死氣主官廳在冠帶外二重行廊主
瑠壽在大墓外一重印山主印綏在大墓外二重白虎主

威贍在天刦外一重陰氣主女命。在天刦外二重天牢主

禮法在地刦外一重真武主氣量在地戶外一重華蓋主

屋舍在地戶外二重白虎廽射名白虎嘣戶主有極刑真

武廽射主有毒死華蓋以特起為吉若連生氣金匱亦吉

連白虎陰氣主火災陽氣陰氣山相等則室家和順若陽

淩陰陰淩陽主不睦。

三元指迷賦

兩大灝淪本生成于河洛一元闔闢參化機于陰陽金龍

起伏自金來正是一家之真脈乾神生動開乾宂要在六

白之當時喜坎水以貼身須巽木以配對午宮孳曜必生

不肖之兒兑位入離定主死亡之厄若艮土以混雜生

乾而實傷乎乾倘坤土以相生是先巽而後亦向巽誰謂

巽木為乾金所損剝豈知乾金得震木而器成離為破軍

雖曰九紫之吉曜偏然不吉兑亦金宿即云一時之旺辰

反為不旺乾山單來一二節必主獨夫亥脈相隨兩三重

大發俊秀此万乾時之令節抑亦巽源之對臨也彼夫坎

龍北來離源南至怕乾艮之雜遏虞坤巽以兼加華蓋

重重出龍埠丁而亦㸃鳳閣艮疊疊並龍樓乾而益榮第

恐天殺未兼天罡辰巳非時中之局雖有將軍卯連玉印

申猶是卦外之辰緬坎癸之騰騰八文旺盛溯離丁之滾

滾富有倉箱得乾金以相生斯科甲之燦發此老陰老陽

之對待真得時失時之攸關也東北所上一條龍西南向

中二宮水剋殺庚莫從外八玉葉亥母許旁來帝座予排

武曲巽之辰逢六白而登科有待寶益坤臨破軍艮之位

當七赤而發甲無疑倘得四水之交加應許百福之駢至

地峯坤高聳狀元可期黑水坤獨朝巨富無比雜離火以

破格婦女居孀混庚金而過堂少男失配兌山迢迢無馭

突突雞水洋洋可樂饑少陰少陽將軍得華蓋而并美且

富且貴倉箱偕旌節而增輝受九紫離于左肩八賀龍頭

之屬老得八白長于右畔壻登虎榜以成仙乾父齊來莫

墻坎男并至兌兒兼八最怕巽女同情允矣上元之佳城

卓哉天三之令宅龍來武曲與休帶破軍之星宗朝文源

乾母兼天殺未之水金箱寅偕帝輦午而拱照龍樓乾齊

鳳閣艮而滎泗九宮內勿以七為榮四綠時宜以六共濟

一白非吉最忌連入白而入乾二黑為凶尤嫌帶七赤而

出戌此固中元之得半亦即上元之其長地老陽老陰坎

離乃六子之宗祖〇分夫分地午子為八卦之樞機、龍莫雜
以巽坤水勿混子乾艮喜朝山之聳翠愛堂局之端嚴震
巽若流坎宮雖過丑而無害子癸入子乾位即極盛而漸
衰風入水亦入風坎出巽財名雙美地出雷雷出地卯卯
坤富貴兩兼滾滾坎來。當六白而愈顯科第源源坤至逢
七赤而更發書香震乃八白之根苗巽亦九紫之扼要者
乃龍從坤入自應水要艮來三碧與一白齊飛斷定衰眾
之莫救九紫兼七赤並到其羡科第之堪誇山峯艮聳出
雲端三元榜發水源坎獨作堂奧萬畝獻田盈勢必地脈之

清純豈但當年之令運吾見西山擺佈大起圓秀之星東

水澄清長流曲折之澗此固少陽少陰之配對亦即大丁

大財之發皇也然而乾兌本是一家由亥而庚隨其出脈

以立向震巽無分兩路自甲而乙仍憑發源以朝宗特恐

山艮出雷震而不清必損聰明之子最要地坤得水坎以

還照乃發成立之見是知廢興關乎水情榮枯本于元運

繞得血脈之不爽自然發福之無休矣。

雜卦水斷

坎亥女死丑男丁。　艮癸淫賊甲貧窮。　震巽內破貞傷

婦、離未男亡已女刑、坤雜庚窮丁貧賊、兌乾申女
破財王。
八卦之水、惟坎離坤艮易犯夾雜如坤向兌水去離必病
目、七赤時離到坤有火灾。離水去兌主小兒缺唇女人血
疾、艮向見坎震水兄弟不睦坎水去震震水去坎叔嫂搆
訟。坎向有乾艮水父子兄弟不協若乾艮水交合出坎室
家不順。主僕宣淫離向有巽水女傷而男貧見坤水母女
俱厄寡母起家若坤巽並出離宮則中女寡居長女與老
母並受中女之害姑媳訴誶男八損目乏嗣

先天八卦斷

乾居後天之南、為老陽、故乾旺時而離門可開、坤居後天之北、而為老陰、故坤旺時而坎門可開、乾坤生六子列

于父母之旁、固先天之定位、亦即先天之定數也、斷法須

看後天形勢合先天數以斷之、

乾為首、即後天之離上有河口反弓七丁八叉墩埠破

碎閉塞主出僧道打柴金銀染作工匠及禿髮頭風目疾

癭瘤墮胎產難如有鉤刀形主因淫邪斬首在午位為老

父偏丙為男偏丁為婦夫合令之時即見淫佚敗絕此離方

之斷也、

兌爲口卽後天之巽巽方砂水員秀開面主出文人學士、

否則主口病齒痛或大舌或口乞或豁嘴或嗻啞隨其形

象斷之中巽位爲少女偏巳爲男偏辰爲婦得令之時砂

水尖射主出尖嘴尖臉好說是非或出師巫若破碎似卧

倒之狀者主羊頭瘋似斷折之狀者主肢體毀折失令之

時則直斷其出盜賊而致死若反逆鈎抱者主作賊斬絞

自縊大約乾坤艮巽四卦與寅申巳亥之河浜鈎絞者俱

主投環縊死辰戌丑未之河浜鈎絞者俱主作賊絞罪逆

水反弓者俱主作賊砍頭、此巽方之斷也、

離為目、即後天之震、震方有浜口箭射砂、腳反弓墩埠破

碎主眼疾氣滿龜背駝腰淫慾墮胎、且主變童如有遠水

在失令方之外洋等處飄飄渺渺若浮若沉、主出短視女

人淫奔、隨其形象斷之在卯位為中女偏甲為男偏乙為

女得令之時只斷其目疾而已、此震方之斷也、

震為足、即後天之艮、艮方有墩埠河汊丫叉射穴者主折

腳風癱不能行走如有砂及小浜直冲而來又復反弓而

去主兩足反生、隨其形象斷之在艮位為長男偏丑為婦

偏寅為男得令之時旻主腳疾失令則直斷其因腳疾致

死且出偉童以震為龍為大塗也此艮方之斷也

巽為股卽後天之坤坤方有砂腳泝口如鑰冲射主失股

癱瘋或生惡毒水港道路如繩索主出木匠工役墩埠破

碎主出禿子若填塞水口俾水飄渺隱約主出白眼潤頸

如有糞窖牛池污穢主出狐腋臭并口臭之屬隨其形象

而斷在坤位為中女偏申為男偏未為婦失令之時直斷

其因股疾致死且出雞姦下賤此坤方之斷也

坎為耳卽後天之兌兌方墩埠閉塞河汉丫叉砂腳破碎

夫利冲射者主耳痛耳缺耳聾或吐血心病及豬頭瘋等

症並出盜賊坎爲耳爲溝瀆隨其形象而斷在酉位爲中

男在庚男右辛女失令之時直斷其淫慾下賤因而病耳

病致死並產難溺水盜賊此兌方之斷也

艮爲手卽後天之乾乾方有河口反弓砂腳被掉丫叉冲

射主有手病或拆手癱手或缺指多指得令之時雖互富

顯貴亦出駢指折肱之人失令則出鼠竊狗偷穿窬高手

若有類于繩索者主絞罪自縊等事隨其形象而斷在乾

位爲少男偏亥爲男偏成爲婦此乾方之斷也

坤為腹、即後天之坎壯方有砂水尖利直射反弓主腹疾、

心痛盡脹血痟墮胎產離等事隨其形象而斷在子位為

老母偏癸為婦偏壬為男得令之時只斷腹疾且出熔爐

造冶之人失令之時直斷其淫邪下賤此坎方之斷也、

以上先天後天相見形狀斷法陰宅則自穴上看其四

面陽宅則內外門路房間同斷

易卦取象歌

豫取重門司擊柝取諸太過為棺槨宮室大壯弧矢睽綱

宮離兮市隘陸舟楫渙兮車馬隨利取益兮耒耜斷乾坤

衣裳夬書契杵臼之與屬小過

乾象

乾健君父首天圜金玉寒冰大赤兼瘠駁老良四馬具木

果龍直衣輿言　以爲郊爲帶爲旂爲知爲富爲大爲頂爲戈爲武

坎象

坎豕溝瀆耳弓輪隱伏橘糅加憂人心病耳痛血卦赤爲

輿多眚盗月通爲臾爲圖馬美脊薄蹄下首毀呕心桎梏　以爲夬爲五爲沬爲泥塗

蒺藜狐叢棘木野多心軸革宮　以爲孕爲酒爲脊爲淮爲河

艮象

艮男閽寺鼻指手狐鼠黔喙虎與狗山徑小石門闕通果

菽多節木形醜馮鹿為林鼠雉雞終為宅為

又為盧為田為龍為尾

震象

震動足車元黃龍大塗決躁稼反生長子竹葦蕃鮮健舁

又為玉為駹為鼓為青為旉蹄為

足的顙馬善鳴　又為官園為春耕為龍為老為東

奮為官園為

巽象

巽女雞股繩直類工白長高八進退寡髮廣顙白眼多不

又為楊為鸛為魚為浚為草

離象

果臭躁市三倍茅為宮人為老婦為命為四

離女目火日麗電甲冑兵戈大腹見魚鱉蟹蚌雉牝牛為

科上稿木形變為歌為號為塯為城為剃為不育為害

又為鳥為主為苦為朱為二為欬為泣

坤象

坤腹母裳布帛囊子母牛㸦地黑黃吝嗇均順文眾柄大

與牝送方釜槳

又為末為小為能

為明為月為敕

兌象

兌少女兮巫口舌地鬲剛齒羊與妾毀扸附決輔頰常艮

又為笑為五為食為跛

為眹為西為譽為鶴

止兌說本為澤

同治新曆二十八宿星天尺過宮度數

虛八危室亥、上行　室八壁奎八咸宮　奎十婁胃昴二

酉昴畢觜參皆入申　未參八兮井廿六　井鬼柳星

午上存　星五張翼巳當是　翼八軫角是辰星　角八

亢氐原屬卯　氐十六房心尾寅　丑在箕一斗廿一。

斗牛女虛子上終。

范名廷二十八割歌訣

乾卯亥乙與壬申子巳癸巳及丑辰艮丁寅未甲上丙卯

丁乙甲辰未尋巽癸巳酉丙辛上午酉丁寅未癸輪坤乙

申癸庚是午酉寅辛丑戌丑凶。

砂法公位

宮位一男都管定兩房左六長房承前後右邊皆屬小此

處偏枯大不勻位次十八位三子左長右三定朝坐皆歸

仲一人仲十二位 六子都依何亥序左邊孟後四前程

六在右前三右後二分朝案五主星 一四三六各得三位

向艮寅甲為內青龍屬長卯乙辰為外青龍屬四 左空絕

乾戌辛是內白虎二管酉庚申是外白虎六管

長右絕右朝坐空曠三五零如龍全曠朝偏左長四吊來

作龍星朝山窠遠龍趨案亥男亦吊作朝屏三六二五相

吊法依茲變擬莫呆論

水法公位

水法一男專管向兩房長右次左分三房都又依何庠孟

白仲青季向存曾見青龍砂甚好右邊惡水長凋零朝山

與坐砂非妙長絕原該仲吊承

放水公位

八十四維流皆吉若放支辰作即凶乾坤艮巽須發長寅

申巳亥長伶仃甲庚丙壬中男發子午卯酉中男殺乙辛

丁癸少男強辰戌丑未少男殃

凹風斷

乾乘門射主離鄉坎上吹噓水路亡艮上虎狼兼鬼魅震

奴欺主任飛颺巽風口舌兼疾病離凹風來回祿殃坤風

飄露主絕嗣兌遭瘟疫又兵傷

白蟻斷

乾坤艮巽四山岡切忌辰戌丑未方辰戌丑未四坐山切

忌甲庚壬丙閒甲庚壬丙四山龍切忌午子卯酉中子午

卯酉四山扞切忌乾坤艮巽邊寅申巳亥四山基乙辛丁

癸最不宜乙辛丁癸四山堂寅申巳亥忌相當風水路搶

俱有得定招白蟻八家房

何知人家有白蟻只因蓄水不通情乾甲二山嫌丑巳又

妨積水在兌丁。坤乙二山嫌艮丙艮丙又妨坤乙侵巽辛

二山何所忌水嫌坎癸及申辰兌丁巳丑四山上最怕乾

甲水來停震庚亥未山頭忌離壬寅戌莫相親離壬寅戌

對宮是坎癸申辰及巽辛。

治白蟻法

凡治蟻先看蟻身形色以辨風水缺陷如放水失度其蟻

包白腹大自內食至外自下食至上放過吉水自除溝泵

失宜或阻塞不通其蟻身長嘴硬亦自內而外自下而上

即于溝水或開或填以除之者因傾倒墙垣起拆旁屋致

凹風吹刮其蟻必黑自上而下自外而内。須加减墙屋栽

楂樹木以除之又或因塘窟積水在子午卯酉等方遠遠

照破名曰曜水其蟻身白嘴黄有翼腹下有一壘亦自上

食下自外食肉每食樓房箱籠衣服等物多從五月飛出。

須于二三月水滿時用羅盤格洞惡處填改之即除又有

因當日修造犯火羅而生者其蟻屬火觜紅宜取火羅死

絕之日水星得令之時及受死月然閉除酉亥暗金伏断、

一白到方等日用木匠曲尺在白蟻處量至四尺九寸即

止、將斧頭在止處打四十九下、大藏喝聲眾皆齊應、如起

屋狀、陰宅在寅位上取七、遠又□□□法、如前即止時師或

于冬月蟻歸土時、尋蟻路取之、每□□□□□稿之、多然治未除

根、終當復起非法也。

止鬼祟盜賊法

乾為天門坤為地戶巽為八門艮為鬼路甲為陽門庚為

賊路丙為端門壬為後路凡患祟者、或艮方修造不時門

路陰暗風吹水剋患盜者、或庚方修造不時門路陰暗風

明水剋須擇太陽火星貴八三奇紫白斗柄建方本山生

年月及天狗目滿日修之郎止

納甲說

焦氏循日納甲之決始見于京房易傳其刋六卦直月候

明魄死生陰陽消息與先天圖有相似如魏伯陽參同契

中所陳卽其說也參同契目三日出為爽震庚受西方八

日兌受丁上弦平如繩十五乾體就盛滿甲東方七八道

己乾屈折低下降十六轉就統巽辛見平明艮直子丙南

下弦二十三坤乙三十日東北喪其朋節盡相禪與繼體

復生龍壬癸配甲乙乾坤括始終朱子以為郎先天之傳

孔子之後諸儒失之而方外之流竊相付授以爲丹竈之
術耳按其說以月三日生明始受一陽之光有震象昏時
見于庚方故震納庚八日上弦受二陽之光有兑象昏時
見于丁方故兑納丁十五望日全受日光有乾象昏時見
于甲方故乾納甲十六日始受一陰有巽象平旦沒于辛
方故巽納辛二十三日下弦受二陰有艮象平旦沒于丙
方故艮納丙□日晦于乙方有坤象故坤納乙坎戊爲
月精離己爲日精

元壬癸納甲乙爲乾坤始終所謂以月

休卜法乾在丙卦則爲甲而納子寅辰如

初九為甲子、九二為甲寅九三為甲辰也在外卦則為壬

而納午申戌、如九四為壬午九五為壬申上九為壬戌也

凡坤在內卦則為乙而納未巳卯如初六為乙未六二為

乙巳六三為乙卯也在外卦則為癸而納丑亥酉如六四

為癸丑六五為癸亥上六為癸酉也因乾坤各納兩干故

別為內外二卦、若震止納庚則初九為庚子六二為庚寅、

六三為庚辰九四為庚午六五為庚申上六為庚戌巽止

納辛則初六為辛丑九二為辛亥九三為辛酉六四為辛

未九五為辛巳上九為辛卯坎離艮兌四卦依震巽例推

之惠氏棟八卦之數圖謂三十日日月會于于滅藏于癸、

故離納于坎納癸、虞氏注易繫辭云晦夕旦朔坎象流戊

故坎納戊日日中則離離象就己故離納己戊己位十象見

于中日月相推而明生焉故懸象著明莫大乎日月。

沈括曰六十甲子有納音、蓋六十律旋相爲宮法也。一律

含五音十二律納六十音也瑞桂堂眼錄曰六十納音以

金木水火土之音而明之也。一六爲水二七爲火三八爲

木四九爲金五十爲土。然五行之中惟金木有自然之音、

水火土必相假而後成音蓋水假土火假水土假火故金

音四九木音三八水音五十火音一六土音二七此不易

之論也何以言之甲己子午九也乙庚丑未八也丙辛寅

申七也丁壬卯酉六也戊癸辰戌五也巳亥四也甲子乙

丑其數三十有四四者金之音也故曰金戊辰己巳其數

二十有三三者木之音也故曰木庚午辛未其數三十

二二者火也土以火為音故曰土甲申乙酉其數三十

者土也水以土為音故曰水戊子己丑其數三十有一

者水也火以水為音故曰火六十甲子癸不皆然按揚雄

太元經曰子午之數九丑未入寅申七卯酉六辰戌五巳

亥四故律四十二巳三十六並律呂之數或還或否凡七

十有八黃鐘之數立爲其以爲度也皆生黃鐘又曰甲己

之數九乙庚八丙辛七丁壬六戊癸五聲生子曰律生子

辰聲以情質律以利聲聲律相協而入音生歷代以來宗

之謂之先天之學

朱子曰樂聲是土金木火水洪範是水火木金土葢納音

著以干支分配于五音而本音所生之五行即爲其干支

所納之音也初一宮商角徵羽納甲丙戊庚壬係以五子

而隨以五丑宮得甲子商得丙子角得戊子徵得庚子羽

得壬子宮爲土土生金故甲子乙丑納音金○商爲金金生

水○故丙子丁丑納音水角爲木木生火故戊子己丑納音

火徵爲火火生土故庚子辛丑納音土羽爲水水生木故

壬子癸丑納音木次二商爲徵羽宮納甲丙戊庚壬係以

五寅而隨以五卯商金得甲寅乙卯納音水角爲木得

丁卯納音火徵火得戊寅己卯納音土羽水得庚寅辛卯

納音木宮十得壬寅癸卯納音金次三角徵羽宮商納甲

丙戊庚壬係以五辰而隨以五巳角木得甲辰乙巳納音

火徵火得丙辰丁巳納音土羽水得戊辰己巳納音木宮

土得庚辰辛巳納音金商得壬辰癸巳納音水以上六

甲得其半納音小成次四復以宮商角徵羽納甲丙戊庚

壬係以五午而隨以五未宮土得甲午乙未納音金商

得丙午丁未納音水角木得戊午己未納音火徵火得庚

午辛未納音土羽水得壬午癸未納音木次五復以商角

徵羽宮納甲丙戊庚壬係以五申而隨以五酉商金得甲

申乙酉納音水羽木得丙申丁酉納音火徵火得戊申己

酉納音土羽水得庚申辛酉納音木宮土得壬申癸酉納

音金敎六復以角徵羽宮商納甲丙戊庚壬係以五戊而

隨以五亥角木得甲戌乙亥納音火徵火得丙戌丁亥納

音土羽水得戊戌己亥納音木宮土得庚戌辛亥納音金

商金得壬戌癸亥納音水於是六甲全而納音大成矣陽

生于子自甲子以至癸巳陰生于午自甲午以至癸亥故

二十而復從宮起宮君商臣角民皆人道也故皆可以為

首徵事羽物皆人所用也故不可以為首是以三甲終而

復始于宮干為天支爲地音爲人三才之五行備矣

陶宗儀曰甲子乙丑海中金者子屬水又爲湖又爲水旺

之地兼金死于辛墓于丑水旺而金死墓故曰海中金也

丙寅丁卯爐中火者寅為三陽卯為四陽火既得地又得

寅卯之木以生之此時天地開鑪鑄萬物如生故曰鑪中火

恐戊辰己巳大林木者辰為原野巳為六陽木至六陽則

枝榮葉茂以茂盛之木而在原野之間故曰大林木也庚

午辛未路傍土者未中之木而生午位之旺火火旺則土

焦未能育物猶路傍土若也故曰路傍土也壬申癸酉劍

鋒金者申酉金之正位兼臨官申帝旺酉金既生旺則成

剛矣剛則無跡于劍鋒故曰劍鋒金也甲戌乙亥山頭火

者戌亥為天門火照天門其光至高故曰山頭火也丙子

丁丑澗下水者水旺于子衰于丑旺而反衰則不能為江

河故曰澗下水也戊寅己卯城頭土者天干戊己屬土寅

為艮山土積而為山故曰城頭土也庚辰辛巳白鑞金者

金養于辰生于巳形質初成未能堅利故曰白鑞金也壬

午癸未楊柳木者木死於午墓于未木既死墓雖得天干

壬癸之水以生之終是柔弱故曰楊柳木也甲申乙酉井

泉水者金臨官申帝旺酉金既生旺則水由以生然方生

之際力量未洪故曰井泉水也丙戌丁亥屋上土者內丁

屬火戊亥爲天門火旣炎上則土非在下而生故曰屋上

土也戊子己丑霹靂火者丑屬土子屬水水居正位而納

竅乃火水中之火非龍神則無故曰霹靂火也庚寅辛卯

松柏木者木臨官寅帝旺卯木旣生旺則非柔弱之比故

曰松柏木也壬辰癸巳長流水者辰爲水庫巳爲金長生

之地金生則水性已存以庫水而逢生金則泉源終不竭

故曰長流水也甲午乙未砂石金者午爲火旺之地火旺

則金敗未爲火衰之地火衰則金冠帶敗而方冠帶未能

盛滿故曰砂石金也丙申丁酉山下火者申爲地戶酉爲

目入之門。目至此時而藏。光故曰山下火也戌己亥平

地木者戌爲原野亥爲木。生之地夫木生于原野則非一

根一株之比故曰平地木也庚子辛丑壁上土者丑雖土

家正位而于則水旺之地土見水多則爲泥地故曰壁上

七也壬寅癸卯金箔金者寅卯爲木旺之地木旺則金羸。

又金絶于寅胎于卯。金既無力故曰金箔金也申辰乙巳

須燈火者辰爲食時巳爲隅中日之將中艷陽之勢光于

天下故曰要燈火也丙午丁未天河水者丙丁屬火午爲

火旺之地而納玄月水水自火出非銀漢水不能有也故曰

天河水也戊申己酉大驛土者申爲坤坤爲地酉爲兑兑

爲澤戊己之土加于坤澤之上非其他浮薄之土也故曰

大驛土也庚戌辛亥釵釧金者金至戌而衰至亥而病金

既衰病則誠柔也故曰釵釧金也壬子癸丑桑柘木者子

屬水丑屬金水方生木金則伐之猶桑柘木也田寅乙卯

大溪水者寅爲東北維卯爲正東水流正東則其性順而

川澗池沼俱合而歸故曰大溪水也丙辰丁巳沙中土者

土庫辰絕巳而天干丙丁之火至辰短帶巳歸官土既庫

絕旺火復與生之故曰沙中土也戊午己未天上火者午

為火旺之地未中之木又復生之火性炎上又逢生地故
曰天上火也庚申辛酉石榴木者申為七月酉為八月此
時木則絕矣惟石榴之木反結實故曰石榴木也壬戌癸
亥大海水者水冠帶戌臨官亥水臨官冠帶則力厚矣兼
亥為江非他水之比故曰大海水也